Karel Čapek

W.U.R.

Werstands Universal Robots

Übersetzt von Otto Pick

Karel Čapek: W.U.R. Werstands Universal Robots

Übersetzt von Otto Pick.

Originaltitel: »R.U.R. Rossum's Universal Robots«. Erstdruck 1920.
Hier in der deutschen Übersetzung von Otto Pick, Prag, Orbis, 1922.

Neuausgabe
Herausgegeben von Karl-Maria Guth
Berlin 2021

Umschlaggestaltung von Thomas Schultz-Overhage

Gesetzt aus der Minion Pro, 11 pt

ISBN 978-3-7437-0403-9

Druck: Libri Plureos GmbH, Friedensallee 273, 22763 Hamburg :
Die Deutsche Nationalbibliothek verzeichnet diese Publikation in der
Deutschen Nationalbibliografie; detaillierte bibliografische Daten sind
im Internet über www.dnb.de abrufbar.

Henricus - Edition Deutsche Klassik GmbH, Berlin
Herstellung: Books on Demand GmbH, Norderstedt

Verlag: Henricus - Edition Deutsche Klassik GmbH
Mörchinger Str. 33, 14169 Berlin, info@henricus-verlag.de

Personen

Harry Domin, Zentraldirektor von Werstands Universal Robots

Ing. Fabry, technischer Generaldirektor von W.U.R.

Dr. Gall, Leiter der physiologischen und Experimentalabteilung von W.U.R.

Dr. Hallemeier, Leiter der Anstalt für Psychologie und Erziehung der Roboter

Konsul Busman, kommerzieller Direktor von W.U.R.

Baumeister Alquist, Chef der Bauten von W.U.R.

Helene Glory

Nana, ihre Amme

Marius, Roboter

Sulla, Robotin

Radius, Roboter

Damon, Roboter

Zweiter Roboter

Dritter Roboter

Vierter Roboter

Primus, Roboter

Helene, Robotin

Ein Diener-Roboter und zahlreiche Roboter

* * *

Domin, im Vorspiel etwa achtunddreißig, groß, rasiert

Fabry, gleichfalls rasiert, blond, ernstes feines Gesicht

Hallemeier, riesig, polternd, mit rostrotem englischen Schnurrbart und rostrotem Haarschopf

Dr. Gall, klein, lebhaft, brünett

Busman, dicker, kahlköpfiger, kurzsichtiger Jude

Alquist, älter als die Übrigen, nachlässig gekleidet, mit langem angegrauten Haar und Bart

Helene, sehr elegant

Im eigentlichen Drama alle um zehn Jahre älter

Die Roboter sind im Vorspiel wie Menschen gekleidet. Ihre Bewegungen und ihre Redeweise sind knapp, ihre Mienen ausdruckslos, ihre Blicke starr. Im eigentlichen Drama tragen sie blaue Leinwandkittel, Riemengürtel und eine Messingnummer auf der Brust.

Vorspiel

Die Zentralkanzlei der Fabrik Werstands Universal Robots. Rechts der Eingang. Durch die Fenster der Stirnwand Blick auf endlose Reihen von Fabrikgebäuden. Links weitere Direktionsräume.

Domin sitzt in einem Drehstuhl an einem großen amerikanischen Schreibtisch. Auf dem Tische eine Glühlampe, ein Haustelefon, Briefbeschwerer, ein Briefordner usw. An der linken Wand der Fernsprecher und große Landkarten mit den Schiffs- und Eisenbahnlinien, ein großer Kalender, eine Uhr, die fast Mittag zeigt; an der rechten Wand gedruckte Plakate: »Billigste Arbeit: Werstands Roboter.« – »Tropen-Roboter, eine neue Erfindung. Pro Stück 150 d.« – »Jeder kaufe sich seinen Roboter.« – »Wollen Sie Ihre Waren verbilligen? Bestellen Sie Werstands Roboter.« Ferner andere Landkarten, ein Schifffahrtsplan, eine Tabelle mit telegrafischen Kursnotierungen usw. Mit dieser Ausstattung kontrastiert der prächtige türkische Teppich auf dem Fußboden, rechts ein runder Tisch, ein Sofa, lederne Klubsessel und eine Bibliothek, wo statt Bücher Wein- und Schnapsflaschen stehen. Links ein Kassenschrank.

Neben Domins Tisch eine Schreibmaschine, auf der das Mädchen Sulla schreibt.

DOMIN *diktiert.* »– dass wir für Ware, die beim Transport beschädigt wurde, nicht garantieren. Wir haben Ihren Kapitäne gleich beim Verladen aufmerksam gemacht, dass das Schiff zum Transport von Robotern ungeeignet ist, sodass der Untergang der Ladung nicht uns zur Last fällt. Wir zeichnen – für Werstands Universal Robots –« schreiben Sie bloß W.U.R. Fertig?
SULLA. Jawohl.
DOMIN. Neuer Brief. »E. B. Huysum Agency, New York. Datum. Wir bestätigen den Auftrag von 5.000 Roboter. Da Sie eigenes Schiff senden, verfrachten Sie als Kargo auf Gegenrechnung Briketts für W.U.R. Wir zeichnen –« Fertig?
SULLA *fertig tippend.* Jawohl.

DOMIN. Schreiben Sie weiter. – »Friedrichswerke, Hamburg. – Datum. – Wir bestätigen den Auftrag auf 15.000 Roboter –«. *Das Haustelefon klingelt. Domin hebt die Muschel und spricht hinein.* Hallo – Hier Zentral–. – Ja. – Gewiss. – Aber ja, wie immer. – Freilich, kabeln Sie ihnen. – Gut. *Hängt das Telefon auf.* Wo habe ich aufgehört?
SULLA. Wir bestätigen den Auftrag von 15.000 R.
DOMIN *in Gedanken*. 15.000 R. – 15.000 R.
MARIUS *tritt ein*. Herr Direktor, eine Dame bittet –
DOMIN. Wer?
MARIUS. Ich weiß nicht. *Reicht eine Visitenkarte.*
DOMIN *liest*. Präsident Glory. – Ich lasse bitten.
MARIUS *öffnet die Türe*. Bitte, Frau.

Helene Glory tritt ein. Marius ab.

DOMIN *erhebt sich*. Belieben?
HELENE. Herr Zentraldirektor Domin?
DOMIN. Bitte.
HELENE. Ich komme zu Ihnen –
DOMIN. – mit der Karte des Präsidenten Glory. Das genügt.
HELENE. Präsident Glory ist mein Vater. Ich bin Helene Glory.
DOMIN. Fräulein Glory, es ist uns eine außerordentliche Ehre, dass – dass –
HELENE. – dass wir Ihnen nicht die Türe weisen können.
DOMIN. – dass wir die Tochter des großen Präsidenten begrüßen dürfen. Bitte, nehmen Sie Platz. Sulla, Sie können gehen.

Sulla ab.

DOMIN *setzt sich*. Womit kann ich dienen, Fräulein Glory?
HELENE. Ich bin gekommen –
DOMIN. – um unsere Fabrikerzeugung von Menschen anzusehen. Wie alle Besuche. Bitte, ohne Weiteres.
HELENE. Ich glaubte, es wäre verboten –
DOMIN. Die Fabrik zu betreten, allerdings. Nur dass jeder mit irgendeiner Visitenkarte kommt, Fräulein Glory.
HELENE. Und Sie zeigen jedem …?

DOMIN. Nur etwas. Die Erzeugung künstlicher Menschen, Fräulein, ist Fabriksgeheimnis.
HELENE. Wenn Sie wüssten, wie mich das –
DOMIN. – unendlich interessiert. Das alte Europa spricht von nichts anderem.
HELENE. Warum lassen Sie mich nicht ausreden?
DOMIN. Ich bitte um Vergebung. Wollten Sie vielleicht etwas anderes sagen?
HELENE. Ich wollte nur fragen –
DOMIN. – ob ich Ihnen ganz ausnahmsweise unsere Fabrik zeigen möchte. Aber gewiss, Fräulein Glory.
HELENE. Wieso wissen Sie, dass ich dies fragen wollte?
DOMIN. Alle fragen gleich. *Steht auf.* Aus besonderer Hochachtung, Fräulein, wollen wir Ihnen mehr als den anderen zeigen und – mit einem Worte –
HELENE. Ich danke Ihnen.
DOMIN. Sofern Sie sich verpflichten, nicht das Geringste zu verraten –
HELENE *erhebt sich und reicht ihm die Hand.* Mein Ehrenwort.
DOMIN. Danke. Möchten Sie nicht den Schleier abnehmen?
HELENE. Ach freilich, Sie wollen sehen – Entschuldigen Sie.
DOMIN. Bitte?
HELENE. Wenn Sie meine Hand freigeben wollten.
DOMIN *gibt sie frei.* Ich bitte um Verzeihung.
HELENE *nimmt den Schleier ab.* Sie wollen sehen, ob ich kein Spion bin. Wie vorsichtig.
DOMIN *betrachtet sie begeistert.* Hm – allerdings – wir – so ist es.
HELENE. Sie trauen mir nicht?
DOMIN. Außerordentlich, Fräulein Hele – Pardon, Fräulein Glory. In der Tat, außerordentlich erfreut – Hatten Sie eine gute Überfahrt?
HELENE. Ja. Warum –
DOMIN. Weil – das heißt, ich meine – dass Sie noch sehr jung sind.
HELENE. Gehen wir gleich in die Fabrik?
DOMIN. Ja. Ich denke: zweiundzwanzig, nicht?
HELENE. Zweiundzwanzig?
DOMIN. Jahre.

HELENE. Einundzwanzig. Weshalb wollen Sie es wissen?

DOMIN. Weil – weil – *mit Begeisterung* – Sie bleiben längere Zeit hier, nicht wahr?

HELENE. Je nachdem, was Sie mir von der Erzeugung zeigen werden ...

DOMIN. Verteufelte Erzeugung. Aber gewiss, Fräulein Glory. Alles werden Sie sehen. Bitte, setzen Sie sich. Würde Sie die Geschichte der Erfindung interessieren?

HELENE. Ja, ich bitte Sie. *Setzt sich.*

DOMIN. Nun denn. *Setzt sich auf den Schreibtisch, betrachtet aufgeregt Helene und leiert rasch herunter.* Es war im Jahre 1920 als sich der alte Werstand der große Physiologe aber damals noch ein junger Gelehrter nach dieser fernen Insel begab um die Meerestierwelt zu studieren. Punkt. Dabei versuchte er durch chemische Synthese die lebendige Materie Protoplasma genannt nachzubilden bis er auf einmal einen Stoff entdeckte der sich durchaus wie die lebendige Masse betrug obzwar er von anderer chemischer Zusammensetzung war das war im Jahre 1932 gerade vierhundertvierzig Jahre nach der Entdeckung Amerikas, uf.

HELENE. Das können Sie auswendig?

DOMIN. Jawohl. Die Physiologie, Fräulein Glory, ist nicht mein Handwerk. Also weiter?

HELENE. Meinetwegen.

DOMIN *feierlich*. Und damals, Fräulein, schrieb der alte Werstand zwischen seine chemischen Formeln Folgendes: »Die Natur hat nur eine einzige Art, die lebendige Materie zu organisieren, gefunden. Es gibt jedoch eine andere, einfachere, hübschere und schnellere Art, auf welche die Natur überhaupt nicht verfallen ist. Diesen anderen Weg, den die Entwicklung des Lebens hätte einschlagen können, habe ich am heutigen Tage entdeckt.« Stellen Sie sich vor, Fräulein, dass er diese großen Worte über dem Auswurf irgendeiner lebenden Kolloidalgallerte schrieb, den kein Hund fressen würde. Stellen Sie sich ihn vor, dass er über dem Probeobjekt sitzt und daran denkt, wie daraus ein ganzer Lebensbaum aufschießen wird, wie daraus alle Tiere hervorgehen werden, beginnend mit irgendeiner Infusorie und endend – endend mit dem Menschen selber. Mit einem Menschen aus anderem Stoffe als wir sind. Fräulein Glory, das war ein gigantischer Augenblick.

HELENE. Also weiter.

DOMIN. Weiter? Nun handelte es sich darum, das Leben aus der Eprouvette herauszubekommen und die Entwicklung zu beschleunigen und irgendwelche Organe, Knochen und Nerven und dies und das zu schaffen und irgendwelche Stoffe zu finden, Katalysatoren, Enzyme, Hormone und so weiter, kurz und gut, verstehen Sie das?

HELENE. Ich – ich – weiß – nicht. Ich glaube, nur wenig.

DOMIN. Ich überhaupt nicht. Wissen Sie, mithilfe jeder Flüssigkeit konnte er machen, was er wollte. Er konnte möglicherweise eine Medusa mit einem Sokratesgehirn bekommen oder einen Regenwurm von fünfzig Metern Länge. Aber weil er kein bisschen Humor besaß, setzte er es sich in den Kopf, ein normales Wirbeltier oder vielleicht einen Menschen herzustellen. Jene seine lebendige Materie hatte eine tolle Lust nach dem Leben; sie ließ sich alles gefallen, er konnte sie zusammennähen und mischen wie er wollte. Mit natürlichem Eiweißstoff ließ es sich nicht machen. Und so machte er sich halt daran.

HELENE. An was?

DOMIN. An die Nachbildung der Natur. Zuerst versuchte er einen künstlichen Hund zu machen. Das kostete ihn eine Reihe Jahre, es kam etwas wie ein verkrüppeltes Kalb heraus und das krepierte nach ein paar Tagen. Ich werde es Ihnen im Museum zeigen. Und dann bereits machte sich der alte Werstand an die Erzeugung eines Menschen.

Pause.

HELENE. Und das darf ich niemandem verraten?

DOMIN. Niemandem auf der Welt.

HELENE. Schade, dass es schon in allen Lesebüchern steht.

DOMIN. Schade. *Springt vom Tisch herunter und setzt sich neben Helene.* Aber wissen Sie, was nicht in den Lesebüchern steht? *Tippt sich auf die Stirn.* Dass der alte Werstand ein erstaunlicher Narr gewesen ist. Ernstlich, Fräulein Glory, aber das behalten Sie für sich. Jener alte Hitzkopf wollte wirklich Menschen machen.

HELENE. Aber Sie machen doch schon Menschen.

DOMIN. Annähernd, Fräulein Helene. Aber der alte Werstand meinte es wörtlich. Wissen Sie, er wollte gleichsam wissenschaftlich Gott absetzen. Er war ein schrecklicher Materialist, darum hat er das getan. Es handelte sich ihm um nichts mehr als den Beweis zu erbringen, dass es keines Herrgotts bedurft hat. Deshalb war er darauf erpicht, einen Menschen zu bilden, der uns auf ein Haar gleichen würde. Kennen Sie ein bisschen Anatomie?

HELENE. Nur ganz wenig.

DOMIN. Ich auch. Stellen Sie sich vor, dass er es sich in den Kopf gesetzt hatte, alles bis auf die letzte Drüse genau wie im menschlichen Körper herzustellen: Blinddarm, Mandeln, Nabel, lauter Überflüssigkeiten. Schließlich sogar – hm – auch die Geschlechtsdrüsen.

HELENE. Aber die – die sind doch –

DOMIN. Die sind nicht überflüssig, ich weiß. Aber wenn man die Menschen künstlich erzeugen will, dann sind sie – hm – keineswegs notwendig –

HELENE. Ich verstehe.

DOMIN. Ich werde Ihnen im Museum zeigen, was er binnen zehn Jahren zusammengebastelt hat. Es sollte ein Mann sein, und das lebte ganze drei Tage. Der alte Werstand hat nicht ein bisschen Geschmack besessen. Es war furchtbar, was er da produzierte. Aber es hatte innen alles, was der Mensch hat. Wirklich, eine erstaunliche Tändelarbeit. Und damals kam der Ingenieur Werstand, des Alten Neffe, hierher. Ein genialer Kopf, Fräulein Glory. Als er sah, was der Alte anstellte, sagte er: »Das ist ein Unsinn, zehn Jahre an einem Menschen zu arbeiten. Wirst du ihn nicht schneller herstellen als die Natur, so huste ich auf den ganzen Kram.« Und er machte sich selbst über die Anatomie her.

HELENE. In den Lehrbüchern steht es anders.

DOMIN *steht auf*. In den Lesebüchern steht bezahlte Reklame und überdies Unsinn. Es steht dort zum Beispiel, die Roboter habe der alte Herr erfunden. Indessen mochte sich der Alte vielleicht für eine Universität eignen, aber von fabriksmäßiger Erzeugung hatte er keinen Dunst. Er glaubte, wirkliche Menschen herzustellen, also vielleicht irgendwelche neuen Indianer, Dozenten oder Idioten, wissen Sie? Und erst der junge Werstand hat den Einfall gehabt, daraus lebende und intelligente Arbeitsmaschinen zu machen. Was in den Lesebüchern über die gemeinsame Arbeit beider großen Werstands steht, ist ein Gefasel. Die beiden haben sich fürchterlich gestritten. Der alte Atheist hatte keinen Brocken Verständnis für die Industrie, und schließlich sperrte ihn der Junge in irgendein Laboratorium, damit er dort an seinen großen Fehlgeburten herumbastle, er selbst aber nahm die Erzeugung ingenieurmäßig in die Hand. Der alte Werstand verfluchte ihn wörtlich und hudelte bis zu seinem Tode noch zwei physiologische Popanze zusammen, bis man ihn schließlich eines Tages tot im Laboratorium fand. Das ist die ganze Historie.

HELENE. Und der Junge?

DOMIN. Der junge Werstand, Fräulein, das war das neue Zeitalter. Das neue Zeitalter der Produktion nach dem Zeitalter der Erkenntnis. Nachdem er die menschliche Anatomie beguckt hatte, sah er gleich, dass dies allzu kompliziert ist und dass ein guter Ingenieur es einfacher machen müsste. Er begann also die Anatomie umzuarbeiten und erprobte, was sich auslassen oder vereinfachen ließe. – Kurz gesagt, Fräulein Glory, langweilt Sie das nicht?

HELENE. Nein, im Gegenteil, es ist schrecklich interessant.

DOMIN. Also der junge Werstand sagte sich: Ein Mensch, der ist etwas, das – sagen wir – Freude fühlt, Geige spielt, spazieren gehen will und überhaupt einen Haufen Sachen zu tun braucht, welche – welche eigentlich überflüssig sind.

HELENE. Oho!

DOMIN. Warten Sie. Welche überflüssig sind, wenn er etwas weben oder addieren soll. Ich meine nicht für Sie – Spielen Sie vielleicht Violine?

HELENE. Nein.

DOMIN. Schade. Aber eine Arbeitsmaschine muss nicht Violine spielen, muss nicht Freude fühlen, muss nicht einen Haufen andrer Dinge tun. Soll es schließlich gar nicht. Ein Naphthamotor soll keine Fransen und Ornamente haben, Fräulein Glory. Und künstliche Arbeiter erzeugen ist dasselbe wie Naphthamotore erzeugen. Die Erzeugung soll möglichst einfach und das Erzeugnis das praktisch beste sein. Was meinen Sie, welcher Arbeiter der praktisch beste ist?

HELENE. Der beste? Vielleicht jener, der – der – Wenn er ehrlich – und ergeben ist.

DOMIN. Nein, sondern der billigste. Der, welcher die geringsten Bedürfnisse hat. Der junge Werstand erfand einen Arbeiter mit der kleinsten Menge Bedürfnisse. Er musste ihn vereinfachen. Er warf alles hinaus, was nicht unmittelbar der Arbeit dient. Damit warf er auch alles, was den Menschen verteuert, hinaus. Damit warf er eigentlich den Menschen hinaus und erschuf den Roboter. Teures Fräulein Glory, die Roboter sind keine Menschen. Sie sind mechanisch vollkommener als wir, haben eine erstaunliche Vernunftintelligenz, aber sie haben keine Seele. Sahen Sie schon einmal, wie ein Roboter innen aussieht?

HELENE. Nein.

DOMIN. Sehr rein, sehr einfach. Tatsächlich, eine schöne Arbeit. Es ist wie eine Hausapotheke. Wenige Stückchen, aber in tadelloser Ordnung. Oh, Fräulein Glory, das Erzeugnis des Ingenieurs ist technisch geläuterter als das Erzeugnis der Natur.

HELENE. Man sagt, der Mensch sei ein Erzeugnis Gottes.

DOMIN. Umso ärger. Gott hat keine Ahnung von der modernen Technik gehabt. Würden Sie glauben, dass der selige junge Werstand sich als Herrgott aufzuspielen begann?

HELENE. Wie, ich bitte Sie?

DOMIN. Er fing an, Über-Roboter zu erzeugen. Arbeitsriesen. Er probierte es mit viermetrigen Gestalten, aber Sie würden es nicht glauben, wie diese Mammute zerbrachen.

HELENE. Zerbrachen?

DOMIN. Ja. Von nichts und wieder nichts barst ihnen ein Bein oder etwas. Unser Planet ist höchstwahrscheinlich ein wenig klein für Riesen. Jetzt machen wir bloß Roboter von natürlicher Größe und sehr anständiger menschlicher Ausstattung.

HELENE. Ich habe die ersten Roboter bei uns gesehen. Die Gemeinde hatte sie gekauft ... will sagen, zur Arbeit aufgenommen –

DOMIN. Gekauft, teures Fräulein. Roboter werden gekauft.

HELENE. – als Straßenkehrer verpflichtet. Ich sah sie fegen. Sie sind so seltsam, so still.

DOMIN. Haben Sie meine Schreiberin gesehen?

HELENE. Ich habe nicht achtgegeben.

DOMIN *läutet.* Wissen Sie, die Aktienfabrik von Werstands Universal Roboters erzeugt bis jetzt keine einheitliche Ware. Wir haben feinere und gröbere Roboter. Die besseren werden vielleicht zwanzig Jahre leben.

HELENE. Dann schwinden sie hin?

DOMIN. Ja, sie nützen sich ab.

Sulla tritt ein.

DOMIN. Sulla, präsentieren Sie sich Fräulein Glory.

HELENE *erhebt sich und reicht ihr die Hand.* Es freut mich. Ihnen ist wohl sehr traurig so fern der Welt, nicht wahr?

SULLA. Das kenne ich nicht, Fräulein Glory. Bitte, nehmen Sie Platz.

HELENE *setzt sich.* Woher stammen Sie, Fräulein?

SULLA. Von hier, aus der Fabrik.

HELENE. Ah, Sie sind hier geboren?

SULLA. Ja, ich wurde hier gemacht.

HELENE *aufspringend.* Was?

DOMIN *lacht.* Sulla ist kein Mensch, Fräulein, Sulla ist ein Roboter.

HELENE. Ich bitte um Verzeihung –

DOMIN *legt Sulla die Hand auf die Schulter.* Sulla ist nicht böse. Schauen Sie, Fräulein Glory, was für eine Haut wir erzeugen. Greifen Sie auf ihre Wange.

HELENE. Oh, nein, nein!

DOMIN. Sie würden nicht erkennen, dass sie aus einem anderen Stoff ist als wir. Bitte, sie hat sogar den typischen Flaum der Blondinen. Nur die Augen sind ein bisschen – Aber dafür die Haare! Drehen Sie sich um, Sulla.
HELENE. Hören Sie schon auf!
DOMIN. Plaudern Sie mit dem Gast, Sulla. Es ist ein seltener Besuch.
SULLA. Bitte, Fräulein, nehmen Sie Platz. *Beide setzen sich.* Haben Sie eine gute Überfahrt gehabt?
HELENE. Ja – ge – gewiss.
SULLA. Kehren Sie nicht mit der Amelia zurück, Fräulein Glory, das Barometer fällt stark, auf 705. Warten Sie auf die Pennsylvania, das ist ein sehr gutes, sehr starkes Schiff.
DOMIN. Wie viel?
SULLA. Zwanzig Knoten in der Stunde. Tonnage: zwanzigtausend. Eines der allerneusten Schiffe, Fräulein Glory.
HELENE. Da – danke.
SULLA. Achtzig Mann Besatzung, Kapitän Harpy, acht Kessel –
DOMIN *lacht.* Genug, Sulla, genug. Zeigen Sie uns, wie sie Französisch können.
HELENE. Sie können Französisch?
SULLA. Ich beherrsche vier Sprachen. Ich schreibe: Dear Sir! Monsieur! Signore! Geehrter Herr!
HELENE *springt auf.* Das ist Humbug! Sie sind ein Scharlatan! Sulla ist kein Roboter, Sulla ist ein Mädchen wie ich! Sulla, das ist schändlich – warum spielen Sie eine solche Komödie?
SULLA. Ich bin ein Roboter.
HELENE. Nein, nein, Sie lügen! Oh, Sulla, verzeihen Sie, ich weiß – man hat Sie genötigt, damit Sie ihnen Reklame machen! Sulla, Sie sind ein Mädchen, wie ich, nicht wahr? Sagen Sie!
DOMIN. Ich bedaure, Fräulein Glory. Sulla ist ein Roboter.
HELENE. Sie lügen!
DOMIN *richtet sich auf.* Wie? *Läutet.* Verzeihen Sie, Fräulein, dann muss ich Sie überzeugen.

Marius tritt ein.

DOMIN. Marius, führen Sie Sulla in den Seziersaal, man solle sie öffnen. Flink!
HELENE. Wohin?
DOMIN. In den Seziersaal. Bis sie aufgeschnitten ist, gehen Sie sich sie ansehen.
HELENE. Ich gehe nicht!
DOMIN. Pardon, Sie sprachen von Lüge.
HELENE. Sie wollen sie töten lassen?
DOMIN. Maschinen werden nicht getötet.
HELENE *umarmt Sulla*. Fürchten Sie nichts, Sulla, ich lasse Sie nicht. Sagen Sie, Teure, sind alle so roh zu euch? Das dürft ihr euch nicht gefallen lassen, hören Sie? Sie dürfen nicht, Sulla!
SULLA. Ich bin Roboter.
HELENE. Das ist einerlei. Roboter sind ebenso gute Menschen wie wir. Sulla, Sie würden sich aufschneiden lassen?
SULLA. Ja.
HELENE. Oh, Sie fürchten sich nicht vor dem Tod?
SULLA. Kenne ich nicht, Fräulein Glory.
HELENE. Wissen Sie, was dort mit Ihnen geschähe?
SULLA. Ich würde aufhören, mich zu bewegen.
HELENE. Das ist entsetzlich!
DOMIN. Marius, sagen Sie dem Fräulein, was Sie sind.
MARIUS. Marius, Roboter.
DOMIN. Würden Sie Sulla in den Seziersaal geben?
MARIUS. Ja.
DOMIN. Würden Sie sie bedauern?
MARIUS. Kenne ich nicht.
DOMIN. Was würde mit ihr geschehen?
MARIUS. Sie würden sich nicht mehr bewegen. Man würde sie in die Stampfmaschine geben.
DOMIN. Das ist der Tod, Marius. Fürchten Sie den Tod?
MARIUS. Nein.
DOMIN. Also sehen Sie, Fräulein Glory, die Roboter hängen nicht am Leben. Sie haben nämlich keinen Anlass dazu. Sie haben keine Genüsse. Sie sind geringer als Gras.

HELENE. Oh, hören Sie auf! Schicken Sie sie wenigstens fort!
DOMIN. Marius, Sulla, ihr könnt gehen.

Sulla und Marius ab.

HELENE. Sie sind schrecklich! Es ist scheußlich, was Sie tun!
DOMIN. Weshalb scheußlich?
HELENE. Ich weiß nicht. Warum – warum gaben Sie ihr den Namen Sulla?
DOMIN. Kein hübscher Name?
HELENE. Es ist ein Männername. Sulla war ein römischer Feldherr.
DOMIN. Ah, wir glaubten, Marius und Sulla wäre ein Liebespaar gewesen.
HELENE. Nein, Marius und Sulla waren Feldherren und bekämpften einander im Jahre – im Jahre – Ich weiß nicht mehr.
DOMIN. Kommen Sie her, zum Fenster. Was sehen Sie?
HELENE. Maurer.
DOMIN. Das sind Roboter. Alle unsre Arbeiter sind Roboter. Und da unten, sehen Sie etwas?
HELENE. Irgendeine Kanzlei.
DOMIN. Die Buchhaltung. Und darinnen –
HELENE. – lauter Beamte.
DOMIN. Das sind Roboter. Alle unsere Beamten sind Roboter. Bis Sie die Fabrik sehen werden –

In diesem Moment ertönen Pfeifen und Sirenen.

DOMIN. Mittag. Die Roboter wissen nicht, wann sie die Arbeit einstellen sollen. Um zwei Uhr werde ich Ihnen die Dösen zeigen.
HELENE. Was für Dösen?
DOMIN *trocken.* Mischbottiche für Teig. In jedem wird gleichzeitig Stoff für tausend Roboter gemischt. Dann die Kufen für Leben, Hirne und so weiter. Dann werden Sie die Knochenfabrik sehen. Dann zeige ich Ihnen die Spinnerei.
HELENE. Was für eine Spinnerei?
DOMIN. Die Nervenspinnerei. Die Adernspinnerei. Eine Spinnerei, wo gleichzeitig ganze Kilometer von Verdauungsröhren laufen. Dann

kommt der Montierraum, wo das zusammengestellt wird, wissen Sie, wie Automobile. Jeder Arbeiter befestigt nur einen einzigen Bestandteil, und dann läuft es wieder selbsttätig weiter, zum zweiten, dritten, bis ins Unendliche. Das ist das interessanteste Schauspiel. Dann kommt das Darrhaus und das Magazin, wo die frischen Produkte arbeiten.

HELENE. Um Gottes willen, gleich müssen sie arbeiten?

DOMIN. Pardon. Sie arbeiten, wie neue Möbelstücke arbeiten. Sie gewöhnen sich an die Existenz. Wachsen gleichsam innerlich zusammen, oder so. Sie verstehen, wir müssen der natürlichen Entwicklung ein bisschen Raum gewähren. Und inzwischen werden die Produkte appretiert.

HELENE. Was ist das?

DOMIN. So viel wie bei den Menschen die »Schule«. Sie lernen sprechen, schreiben und rechnen. Sie haben nämlich ein erstaunliches Gedächtnis. Wenn Sie ihnen aus einem zwanzigbändigen Lexikon vorlesen, so werden sie Ihnen alles in der richtigen Reihenfolge wiederholen. Etwas Neues fällt ihnen niemals ein. Sie könnten ganz gut an den Universitäten unterrichten. Dann werden sie klassifiziert und verschickt. Täglich 15.000 Stück, ausschließlich des ständigen Prozentsatzes von Fehlerhaften, die in den Stampftrog geworfen werden ... und so weiter, und so weiter.

HELENE. Zürnen Sie mir?

DOMIN. Aber, Gott bewahre! Ich meine nur, wir ... wir hätten von anderen Dingen reden können. Wir sind hier nur ein Häuflein unter hunderttausenden Robotern, und kein Weib. Wir reden nur von der Fabrikation, den ganzen Tag, jeden Tag. Wir sind wie verdammt, Fräulein Glory.

HELENE. Es tut mir so leid, dass ich sagte, Sie – Sie – Sie hätten gelogen –

Es pocht.

DOMIN. Hereinspaziert, Jungens.

Von links kommen Ing. Fabry, Dr. Gall, Dr. Hallemeier, Baumeister Alquist.

DR. GALL. Pardon, stören wir nicht?
DOMIN. Tretet näher. Fräulein Glory, das sind Alquist, Fabry, Gall, Hallemeier. Die Tochter des Präsidenten Glory.
HELENE *verlegen.* Guten Tag.
FABRY. Wir hatten keine Ahnung –
DR. GALL. Unendlich geehrt –
ALQUIST. Seien Sie willkommen, Fräulein Glory.

Von rechts stürzt Busman herein.

BUSMAN. Hallo, was gibt's hier?
DOMIN. Hierher, Busman. Das ist unser Busman, Fräulein. Die Tochter des Präsidenten Glory.
HELENE. Es freut mich.
BUSMAN. Jemine, welche Ehre! Fräulein Glory, dürfen wir den Zeitungen kabeln, dass Sie die Güte hatten, uns aufzusuchen –?
HELENE. Nein, nein, ich bitte Sie!
DOMIN. Bitte, Fräulein, nehmen Sie Platz.
BUSMAN *rückt Fauteuil heran.* Belieben –
DR. GALL *rückt Fauteuil heran.* Bitte –
FABRY *rückt Fauteuil heran.* Pardon –
ALQUIST. Fräulein Glory, wie war Ihre Reise?
DR. GALL. Werden Sie sich länger bei uns aufhalten?
FABRY. Was sagen Sie zu der Fabrik, Fräulein Glory?
HALLEMEIER. Sie sind auf der Amelie gekommen?
DOMIN. Still, lasst Fräulein Glory reden.
HELENE *zu Domin.* Wovon soll ich mit ihnen sprechen?
DOMIN *verwundert.* Wovon Sie mögen.
HELENE. Soll … darf ich ganz offen reden?
DOMIN. Aber freilich.
HELENE *zögert, dann verzweifelt entschlossen.* Sagen Sie, ist es Ihnen niemals peinlich, wie man mit Ihnen umgeht?
FABRY. Wer, bitte?
HELENE. Alle Menschen.

Alle blicken einander betroffen an.

ALQUIST. Mit uns?
DR. GALL. Warum meinen Sie?
HALLEMEIER. Donnerwetter!
BUSMAN. Aber, Gott bewahre, Fräulein Glory!
HELENE. Fühlen Sie denn nicht, dass Sie besser existieren könnten?
DR. GALL. Es kommt darauf an, Fräulein. Wie meinen Sie das?
HELENE. Ich meine, dass – *bricht los* – dass es scheußlich ist! Dass es fruchtbar ist! *Erhebt sich.* Ganz Europa redet davon, was hier mit Ihnen geschieht. Deshalb kam ich hierher, um es zu sehen, und es ist tausendmal schlimmer, als man nur denken kann! Wie können Sie das ertragen?
ALQUIST. Was ertragen?
HELENE. Ihre Lage. Um Gottes willen, Sie sind doch Menschen wie wir, wie ganz Europa, wie die ganze Welt! Das ist skandalös, das ist unwürdig, wie Sie leben!
BUSMAN. Herrgott, Fräulein!
FABRY. Nein, Jungens, sie hat ein bisschen Recht. Wir leben hier sicher wie Indianer.
HELENE. Ärger als Indianer! Darf ich, oh, darf ich Sie Brüder nennen?
BUSMAN. Aber, Gottchen, warum denn nicht?
HELENE. Brüder, ich kam nicht als die Tochter des Präsidenten. Ich kam im Namen der Humanitätsliga. Brüder, die Humanitätsliga hat bereits über 200.000 Mitglieder. 200.000 Menschen stehen hinter euch und bieten euch ihre Hilfe an.
BUSMAN. 200.000 Menschen, Wetter, das ist gehörig, das ist ganz prächtig.
FABRY. Ich sage euch immer, es geht nichts über das alte Europa. Ihr seht es, es hat uns nicht vergessen. Es bietet uns Hilfe an.
DR. GALL. Was für Hilfe? Ein Theater?
HALLEMEIER. Ein Orchester?
HELENE. Mehr als das.
ALQUIST. Sie selbst?
HELENE. Oh, was mich betrifft, ich bleibe, solange es nötig sein wird.
BUSMAN. Herrgott, das ist eine Freude!
ALQUIST. Domin, ich gehe ein Zimmer für das Fräulein bereitstellen.

DOMIN. Warten Sie einen Moment. Ich fürchte, dass – dass Fräulein Glory noch nicht ausgeredet hat.
HELENE. Nein, noch nicht. Außer Sie schlössen mir mit Gewalt den Mund.
DR. GALL. Harry, unterstehen Sie sich!
HELENE. Ich danke Ihnen. Ich wusste, Sie werden mich schützen.
DOMIN. Pardon, Fräulein Glory. Sind Sie sich dessen sicher, dass Sie mit Robotern reden?
HELENE *stockt.* Mit wem sonst?
DOMIN. Es tut mir leid. Diese Herren sind nämlich Menschen wie Sie. Wie ganz Europa.
HELENE *zu den anderen.* Sie sind keine Roboter?
BUSMAN *kichert.* Gott bewahre!
HALLEMEIER *würdevoll.* Pfui, Roboter!
DR. GALL *lacht.* Da bedanken wir uns schön!
HELENE. Aber … das ist nicht möglich!
FABRY. Bei meiner Ehre, Fräulein, wir sind keine Roboter.
HELENE *zu Domin.* Weshalb sagten Sir mir also, alle Ihre Beamten seien Roboter?
DOMIN. Ja, die Beamten. Aber nicht die Direktoren. Gestatten Sie, Fräulein Glory: Ingenieur Fabry, technischer Generaldirektor von Werstands Universal Robots. Doktor Gall, Leiter der Physiologischen und Untersuchungsabteilung. Doktor Hallemeier, Leiter der Anstalt für Psychologie und Erziehung der Roboter. Konsul Busman, kommerzieller Generaldirektor, und Baumeister Alquist, Chef der Bauten von Werstands Universal Robots.
HELENE. Verzeihen Sie, meine Herren, dass – dass – Ist es schrecklich, was ich Ihnen angestellt habe?
ALQUIST. Aber, Gott bewahre, Fräulein Glory. Bitte, setzen Sie sich.
HELENE *setzt sich.* Ich bin ein dummes Mädel. Jetzt – jetzt werden Sie mich mit dem ersten Schiff zurückschicken.
DR. GALL. Um nichts auf der Welt, Fräulein. Weshalb sollten wir Sie fortschicken?
HELENE. Weil Sie bereits wissen – weil – weil ich Ihnen die Roboter aufhetzen würde.

DOMIN. Teures Fräulein Glory, hier sind schon hundert Erlöser und Propheten gewesen. Jedes Schiff bringt irgendeinen her. Missionare, Anarchisten, die Heilsarmee, alles Mögliche. Es ist erstaunlich, wie viel Sekten und Narren es auf Erden gibt.
HELENE. Und Sie lassen sie zu den Robotern reden?
DOMIN. Weshalb nicht? Bis jetzt haben es alle bleiben lassen. Die Roboter merken sich alles, aber nichts mehr. Sie lachen sogar nicht einmal über das, was die Leute sagen. In der Tat, geradezu unglaublich. Falls es Sie unterhält, teures Fräulein, so führe ich Sie in das Robotermagazin. Es sind ihrer dort etwa dreihunderttausend.
BUSMAN. Dreihundertsiebenundvierzigtausend.
DOMIN. Gut. Sie können ihnen sagen, was Sie wollen. Sie können ihnen die Bibel, Logarithmen, oder was Ihnen beliebt, vorlesen. Sie können ihnen schließlich über die Menschenrechte predigen.
HELENE. Oh, ich glaube, dass ... wenn man ihnen ein wenig Liebe zeigte –
FABRY. Unmöglich, Fräulein Glory. Nichts ist dem Menschen fremder als ein Roboter.
HELENE. Weshalb erzeugen Sie sie dann?
BUSMAN. Hahaha, das ist gut! Weshalb man Roboter erzeugt!
FABRY. Zur Arbeit, Fräulein. Ein Roboter ersetzt zwei und einen halben Arbeiter. Die menschliche Maschine, Fräulein Glory, war ungemein unvollkommen. Sie musste endlich einmal beseitigt werden.
BUSMAN. Sie war zu teuer.
FABRY. Sie war wenig leistungsfähig. Der modernen Technik vermochte sie nicht mehr zu genügen. Und zweitens – zweitens – ist es ein großer Fortschritt, dass ... Pardon.
HELENE. Was?
FABRY. Ich bitte um Entschuldigung. Es ist ein großer Fortschritt, mit einer Maschine zu gebären. Es ist bequemer und schneller. Jede Beschleunigung ist ein Fortschritt, Fräulein. Die Natur hatte keine Ahnung von dem modernen Arbeitstempo. Die ganze Kindheit ist technisch genommen ein purer Unsinn. Schlechthin verlorene Zeit. Unerträgliche Zeitverschwendung, Fräulein Glory. Und drittens –

HELENE. Oh, hören Sie auf!
FABRY. Bitte. Erlauben Sie, was will eigentlich diese Ihre Liga – Liga – Humanitätsliga?
HELENE. Sie soll hauptsächlich – hauptsächlich soll sie die Roboter schützen und – und – ihnen eine – gute Behandlung sichern.
FABRY. Das ist kein schlechtes Ziel. Eine Maschine soll man gut behandeln. Bei meiner Seele, das lobe ich mir. Ich liebe beschädigte Sachen nicht. Ich bitte Sie, Fräulein Glory, notieren Sie uns alle als beitragende, als ordentliche, als gründende Mitglieder Ihrer Liga!
HELENE. Nein, Sie verstehen mich nicht. Wir wollen – hauptsächlich – wir wollen die Roboter befreien!
HALLEMEIER. Wie, bitte?
HELENE. Man soll sie ... wie Menschen behandeln.
HALLEMEIER. Aha. Sie sollen vielleicht wählen? Sie sollen Bier trinken? Sollen uns befehlen?
HELENE. Weshalb sollten sie nicht wählen können?
HALLEMEIER. Und sollen sie vielleicht am Ende nicht auch Löhnung kriegen?
HELENE. Allerdings!
HALLEMEIER. Da schau her. Und was würden sie, bitte, damit anfangen?
HELENE. Sie würden sich kaufen ... was sie brauchen ... was ihnen Freude bereiten würde.
HALLEMEIER. Das ist sehr hübsch, Fräulein; nur dass die Roboter nichts erfreut. Wetter, was sollen sie sich kaufen? Sie können sie mit Ananas, Stroh, womit Sie wollen, füttern; ihnen ist es gleichgültig, sie haben überhaupt keinen Geschmack. Sie interessieren sich für nichts, Fräulein Glory. Zum Teufel, es hat noch niemand gesehen, dass ein Roboter gelacht hätte.
HELENE. Warum ... warum – warum macht ihr sie nicht glücklicher?
HALLEMEIER. Das geht nicht, Fräulein Glory. Es sind nur Roboter.
HELENE. Oh, sie sind so vernünftig!
HALLEMEIER. Verflucht vernünftig, Fräulein, aber sonst nichts. Ohne eigenen Willen. Ohne Leidenschaften. Ohne Tradition. Ohne Seele.
HELENE. Ohne Liebe und Trotz?

HALLEMEIER. Das versteht sich. Die Roboter lieben nichts, nicht einmal sich selbst. Und Trotz? Ich weiß nicht, nur selten, nur manchmal –

HELENE. Was?

HALLEMEIER. Eigentlich nichts. Manchmal werden sie irgendwie störrisch. So etwas wie Fallsucht, wissen Sie? Man nennt es den Roboterkrampf. Plötzlich schmeißt einer alles hin, was er in der Hand hält, steht da, knirscht mit den Zähnen – und muss in den Stampftrog geworfen werden. Offenbar eine Störung des Organismus.

DOMIN. Ein Fabrikationsfehler. Das muss beseitigt werden.

HELENE. Nein, nein, das ist die Seele.

FABRY. Glauben Sie, die Seele beginne mit Zähneknirschen?

HELENE. Ich weiß nicht. Vielleicht ist es Auflehnung. Vielleicht ist gerade das ein Zeichen, dass sie ringen – – Oh, wenn Sie das in ihnen zu entfachen vermöchten!

DOMIN. Das wird beseitigt werden, Fräulein Glory. Doktor Gall stellt eben gewisse Versuche an –

DR. GALL. Nicht damit, Domin; jetzt mache ich Nerven für den Schmerz.

HELENE. Nerven für den Schmerz?

DR. GALL. Ja. Die Roboter spüren körperliche Schmerzen beinahe nicht. Wissen Sie, der selige junge Hirn hat das Nervensystem allzu sehr beschränkt. Das hat sich nicht bewährt. Wir müssen Leiden einführen.

HELENE. Warum – warum – Wenn ihr ihnen keine Seele gebt, warum wollt ihr ihnen den Schmerz geben?

DR. GALL. Aus industriellen Gründen, Fräulein Glory. Der Roboter beschädigt sich manchmal selber, weil es ihn nicht schmerzt; er steckt die Hand in die Maschine, zerbricht sich einen Finger, zerschlägt sich den Kopf, das ist ihm einerlei. Wir müssen ihnen den Schmerz geben; das ist ein automatischer Schutz vor Verletzung.

HELENE. Werden sie glücklicher sein, wenn sie Schmerz fühlen werden?

DR. GALL. Im Gegenteil; aber sie werden technisch vollkommener sein.

HELENE. Warum erschaffen Sie ihnen keine Seele?
DR. GALL. Das ist nicht in unserer Macht.
FABRY. Das ist nicht in unserem Interesse.
BUSMAN. Das würde die Fabrikation verteuern. Du lieber Gott, schöne Dame, wir machen es ja so billig! Hundertzwanzig Dollar das bekleidete Exemplar, und vor fünfzehn Jahren hat es zehntausend gekostet! Vor fünf Jahren kauften wir Kleider für sie; heute haben wir eine eigene Weberei und exportieren noch die Stoffe fünfmal billiger als andere Fabriken. Ich bitte Sie, Fräulein Glory, was zahlen Sie für einen Meter Tuch?
HELENE. Ich weiß nicht - - wirklich - - ich hab's vergessen.
BUSMAN. O du mein, und dann wollen Sie eine Humanitätsliga gründen! Es kostet nur mehr ein Drittel, Fräulein; alle Preise stehen heute auf einem Drittel und werden immer tiefer, tiefer, tiefer sinken bis - so. He?
HELENE. Ich verstehe nicht.
BUSMAN. Jemine, Fräulein, das bedeutet, dass die Arbeit im Wert gesunken ist! Denn ein Roboter samt Fütterung kostet pro Stunde drei viertel Cents! Das ist ein Jux, Fräulein: Sämtliche Fabriken platzen wie Eicheln oder kaufen schleunigst Roboter ein, um die Erzeugung zu verbilligen.
HELENE. Ja, und werfen die Arbeiter auf die Straße hinaus.
BUSMAN. Haha, das versteht sich! Aber wir, du meine Güte, wir haben inzwischen 500.000 Tropen-Roboter auf die argentinische Pampa geworfen, damit sie Weizen anbauen. Seien Sie so gut, was kostet bei Ihnen ein Pfund Brot?
HELENE. Ich habe keinen Ahnung.
BUSMAN. Also sehen Sie; jetzt kostet es zwei Cents, in Ihrem guten alten Europa: Aber das ist **unser** Brötchen, verstehen Sie? Zwei Cents ein Pfund Brot: und die Humanitätsliga hat davon keine Ahnung! Haha, Fräulein Glory, Sie wissen nicht, was eine allzu teure Schnitte bedeutet. Für die Kultur und so weiter. Aber in fünf Jahren, na, wetten wir!
HELENE. Was?

BUSMAN. Dass in fünf Jahren alles auf ein Zehntel stehen wird. Leutchen, in fünf Jahren werden wir in Weizen und allem möglichen ertrinken.

ALQUIST. Ja, und sämtliche Arbeiter der Welt werden ohne Arbeit sein.

DOMIN *erhebt sich.* Das werden sie, Alquist. Das werden sie, Fräulein Glory. Aber in zehn Jahren werden Werstands Universal Roboter so viel Weizen, so viele Stoffe, von allem so viel erzeugen, dass die Dinge keinen Wert mehr haben werden. Nun nehme jeder, wie viel er braucht. Es gibt keine Not. Ja, sie werden ohne Arbeit sein. Aber es wird dann überhaupt keine Arbeit mehr geben. Alles werden lebende Maschinen verrichten. Roboter werden uns bekleiden und sättigen. Roboter uns Ziegel herstellen und Häuser bauen. Roboter werden für uns Zahlen schreiben und unsere Stiegen fegen. Keine Arbeit wird es geben. Der Mensch wird nur das tun, was er liebt: Er wird aller Sorgen ledig und von der Erniedrigung der Arbeit befreit sein. Er wird nur leben, um sich zu vervollkommnen.

HELENE *erhebt sich.* Wird es so sein?

DOMIN. Es wird. Es kann nicht anders sein. Vorher kommen vielleicht schreckliche Sachen, Fräulein Glory. Das lässt sich einfach nicht verhüten. Aber dann hört der Mensch auf, dem Menschen dienstbar und der Materie versklavt zu sein. Die Mühseligen und Hungernden werden vor vollen Tischen sitzen. Roboter werden des Bettlers Füße waschen und ihm ein Lager bereiten in seinem Hause. Niemand wird mehr sein Brot bezahlen mit Leben und Hass. Du bist nicht mehr Arbeiter, du kein Schreiber mehr; du gräbst nicht mehr Kohle und du stehst nicht an fremder Maschine. Nicht mehr wirst du deine Seele verschwenden an Arbeit, die du verfluchtest.

ALQUIST. Domin, Domin! Was sie da sagen, sieht allzu sehr nach Paradies aus. Domin, es war etwas Gutes am Dienen und etwas Großes in der Unterwerfung. Ach, Harry, es war ich weiß nicht was für eine Tugend in der Arbeit und Ermattung.

DOMIN. Vielleicht war es so. Aber wir können nicht mit dem, was verloren geht, rechnen, wenn wir die Welt von Adam an umformen. Adam, Adam! Du wirst nicht mehr dein Brot am Schweiße deines

Angesichts essen; wirst nicht mehr Hunger und Durst, Ermüdung und Erniedrigung erfahren; du kehrst in das Paradies zurück, wo des Herrn Hand dich nährte. Du wirst frei und erhaben sein; du wirst keine andere Aufgabe, keine andere Arbeit, keine andere Sorge haben als dich selbst zu vervollkommnen. Du wirst weder der Materie noch dem Menschen dienen. Du wirst keine Maschine und Mittel der Erzeugung sein. Du wirst der Herr der Schöpfung sein.
BUSMAN. Amen.
FABRY. Also geschehe es.
HELENE. Sie haben mich verwirrt. Ich bin ein törichtes Mädchen. Ich möchte – ich möchte daran glauben.
DR. GALL. Sie sind jünger als wir, Fräulein Glory. Sie werden alles erleben.
HALLEMEIER. So ist's. Ich denke, Fräulein Glory könnte mit uns frühstücken.
DR. GALL. Das versteht sich! Domin, bitten Sie für uns alle.
DOMIN. Fräulein Glory, erweisen Sie uns die Ehre.
HELENE. Aber das ist doch – Wie könnte ich?
FABRY. Für die Humanitätsliga, Fräulein?
BUSMAN. Und ihr zu Ehren.
HELENE. Oh, in diesem Falle – vielleicht –
FABRY. Also Heil! Fräulein Glory, entschuldigen Sie für fünf Minuten.
DR. GALL. Pardon.
BUSMAN. Herrgott, ich muss kabeln –
HALLEMEIER. Donnerwetter, und ich vergaß –

Alle außer Domin drängen sich hinaus.

HELENE. Warum gehen alle weg?
DOMIN. Kochen, Fräulein Glory.
HELENE. Was kochen?
DOMIN. Das Frühstück, Fräulein Glory. Für uns kochen Roboter und – und – da sie keinen Geschmacksinn besitzen, ist es nicht ganz – Hallemeier kann nämlich vorzüglich braten. Und Gall macht irgendeine Soße, und Busman kennt sich in der Omelette aus –

HELENE. Um Gottes willen, das ist ein Gastmahl! Und was kann der Herr – Baumeister –

DOMIN. Alquist? Nichts. Er deckt nur den Tisch und – und Fabry treibt etwas Obst auf. Sehr bescheidene Küche, Fräulein Glory.

HELENE. Ich wollte Sie fragen –

DOMIN. Auch ich möchte Sie nach etwas fragen. *Legt seine Uhr auf den Tisch.* Fünf Minuten Zeit.

HELENE. Wonach fragen?

DOMIN. Pardon, Sie haben früher gefragt.

HELENE. Vielleicht ist es dumm von mir, aber – warum erzeugen Sie weibliche Roboter, wenn – wenn –

DOMIN. – wenn bei ihnen, hm, wenn für sie das Geschlecht keine Bedeutung hat?

HELENE. Ja.

DOMIN. Es herrscht eine gewisse Nachfrage, wissen Sie? Dienstmädchen, Verkäuferinnen, Schreiberinnen – Die Menschen sind daran gewöhnt.

HELENE. Und – und sagen Sie, sind die Roboter – und Robotinnen – wechselseitig – absolut –

DOMIN. Absolut gleichgültig, teures Fräulein. Da ist keine Spur irgendeiner Neigung.

HELENE. Oh, das ist – furchtbar!

DOMIN. Warum?

HELENE. Es ist – es ist – so unnatürlich! Man weiß gar nicht, sollen sie einem deswegen abstoßend, oder – beneidenswert erscheinen – oder vielleicht –

DOMIN. – bemitleidenswert.

HELENE. Dies am ehesten – Nein, hören Sie auf! Was wollten Sie fragen?

DOMIN. Gern möchte ich fragen, Fräulein Glory, ob Sie mich nehmen möchten.

HELENE. Wie nehmen?

DOMIN. Zum Mann.

HELENE. Nein! Was fällt Ihnen ein?

DOMIN *auf die Uhr blickend.* Noch drei Minuten. Nehmen Sie mich nicht, so müssen Sie einen der anderen Fünf nehmen.
HELENE. Aber Gott bewahre! Warum sollte ich ihn nehmen?
DOMIN. Weil alle nach der Reihe Sie verlangen werden.
HELENE. Wie können Sie sich unterstehen?
DOMIN. Ich bedaure sehr, Fräulein Glory. Es scheint, dass sie sich in Sie verliebt haben.
HELENE. Ich bitte Sie, das sollen sie nicht tun! Ich – ich reise gleich ab!
DOMIN. Helene, Sie werden ihnen doch nicht den Kummer bereiten, abzulehnen.
HELENE. Aber ich – ich kann doch nicht – alle sechs nehmen!
DOMIN. Nein, aber wenigstens einen. Wollen Sie mich nicht, so Fabry.
HELENE. Ich will nicht!
DOMIN. Doktor Gall.
HELENE. Nein, nein, schweigen Sie. Ich will keinen!
DOMIN. Noch zwei Minuten.
HELENE. Das ist schrecklich! Nehmen Sie sich irgendeine Robotin.
DOMIN. Das ist kein Weib.
HELENE. Oh, nur das fehlt Ihnen! Ich glaube, Sie – Sie würden jede nehmen, die kommt.
DOMIN. Es waren viele hier, Helene.
HELENE. Junge?
DOMIN. Junge.
HELENE. Weshalb nehmen Sie sich keine?
DOMIN. Weil ich nicht den Kopf verloren hatte. Erst heute. Gleich als Sie den Schleier abnahmen.
HELENE. – Ich weiß.
DOMIN. Noch eine Minute.
HELENE. Aber ich will nicht, mein Gott!
DOMIN *legt ihr beide Hände auf die Schultern.* Noch eine Minute. Entweder Sie sagen mir etwas schrecklich Böses ins Gesicht, und dann lasse ich Sie. Oder – oder –
HELENE. Sie sind ein Rohling!

DOMIN. Das ist nichts. Ein Mann soll ein wenig roh sein. Das gehört zur Sache.
HELENE. Sie sind ein Narr!
DOMIN. Der Mensch soll ein bisschen närrisch sein, Helene. Das ist an ihm das Beste.
HELENE. Sie sind – Sie sind – ach Gott!
DOMIN. Also sehn Sie. Fertig?
HELENE. Nein, nein! Ich bitte Sie, lassen Sie! Sie zerdrücken mich ja!
DOMIN. Das letzte Wort, Helene.
HELENE *wehr sich.* Um nichts auf der Welt – aber Harry!

Es klopft.

DOMIN *lässt sie los.* Herein!

Eintreten Busman, Dr. Gall und Hallemeier in Küchenschürzen. Fabry mit einem Blumenstrauß und Alquist mit einem Tischtuch unterm Arm.

DOMIN. Schon ausgekocht?
BUSMAN *feierlich.* Jawohl.
DOMIN. Wir auch.

Vorhang

Erster Aufzug

Helenes Salon. Links eine Tapetentür und die Tür zum Musiksalon, rechts die Tür zu Helenes Schlafgemach. In der Mitte Fenster auf Meer und Hafen. Ein Toilettenspiegel mit Kleinigkeiten, Tisch, Sofa und Fauteuils, eine Kommode, ein Schreibtisch mit Stehlampe, rechts ein Kamin, gleichfalls mit Stehlampen. Der ganze Salon hat bis ins Detail ein modernes und weibliches Gepräge.

Domin, Fabry, Hallemeier kommen von links auf den Fußspitzen, Sträuße und Blumentöpfe auf den Armen.

FABRY. Wohin geben wir das alles?

HALLEMEIER. Uf! *Legt seine Last hin und segnet mit einem großen Kreuze die Tür nach rechts.* Schlaf, schlaf! Wer schläft, weiß wenigstens von nichts.

DOMIN. Sie weiß überhaupt nicht.

FABRY *gibt die Sträuße in die Vasen.* Wenigstens heute soll es nicht platzen –

HALLEMEIER *ordnet du Blumen.* Zum Teufel, lasst mich in Ruh damit! Schauen Sie, Harry, das ist eine schöne Zyklame, wie? Eine neue Art, meine letzte – Zyklamen Helena.

DOMIN *schaut zum Fenster hinaus.* Kein Schiff, kein Schiff – Jungens, das ist schon zum Verzweifeln.

HALLEMEIER. Still! Wenn sie Sie hörte!

DOMIN. Sie hat keine Ahnung. *Gähnt fieberhaft.* Noch gut, dass der »Ultimus« rechtzeitig landete.

FABRY *lässt die Blumen.* Glauben Sie, dass schon heute –?

DOMIN. Ich weiß nicht. – Wie schön sind die Blumen!

HALLEMEIER *nähert sich ihm.* Das sind neue Primeln, wissen Sie? Und dies ist mein neuer Jasmin. Wetter, ich bin an der Schwelle des Blumenparadieses. Ich habe eine fabelhafte Beschleunigung gefunden, Menschenskind! Herrliche Varietäten! Künftiges Jahr machen wir Wunder in Blumen!

DOMIN *dreht sich um.* Wie, künftiges Jahr?

FABRY. Wenigstens wissen, was in Havre los ist –
DOMIN. Still!
HELENENS STIMME *von rechts.* Nana!
DOMIN. Fort von hier! *Alle auf den Fußspitzen durch die Tapetentür ab.*

Durch die Haupttür von links tritt Nana ein.

NANA *aufräumend.* Lumpen elendige! Heiden! Gott strafe mich nicht, aber ich möchte sie –
HELENE *rücklings in der Tür.* Nana, komm mich zuknöpfen!
NANA. Na gleich, na gleich. Dass Sie schon aus dem Bette raus sind! *Knöpft Helenes Kleid zu.* Herr im Himmel, das ist eine Viechsbande!
HELENE. Wer?
NANA. Na, so halten Sie doch still. Wenn Sie sich drehen wollen, so drehen Sie sich, aber ich werde Sie nicht zuknöpfen.
HELENE. Weshalb brummst du wieder?
NANA. Aber's ist ja ein Entsetzen, was diese Heiden –
HELENE. Die Roboter?
NANA. Fi, nicht einmal nennen mag ich sie.
HELENE. Was ist geschehen?
NANA. Es hat wieder einen bei uns gepackt. Fängt an, in die Büsten und Bilder zu dreschen, knirscht mit den Zähnen, Schaum vor dem Mund – Rein von Sinnen, brr. Das ist ja schlimmer als ein Tier.
HELENE. Welchen hat es gepackt?
NANA. Den – den – Das hat ja eh nicht mal einen christlichen Namen! Den aus der Bibliothek.
HELENE. Radius?
NANA. Eben den. Jessasmarja Josef, wie mir das zuwider ist! Keine Spinne ist mir so zuwider wie diese Heiden.
HELENE. Aber, Nana, dass sie dir nicht leidtun!
NANA. Sie ekeln sich auch vor ihnen. Warum haben Sie mich hierher gebracht? Warum darf keiner von ihnen Sie auch nur anrühren?
HELENE. Ich ekle mich nicht, meiner Seele, Nana. Mir tun sie so leid!
NANA. Sie ekeln sich. Jeder Mensch muss sich vor ihnen ekeln. Es ekelt sich ja selbst der Hund vor ihnen, nicht einmal einen Happen

Fleisch mag er von ihnen; er zieht den Schweif ein und fängt an zu heulen, wenn er die Unmenschen spürt, pfui.
HELENE. Ein Hund hat keinen Verstand.
NANA. Er ist besser als Sie, Helene. Er weiß gut, dass er etwas mehr ist und dass er vom lieben Herrgott ist. Wird doch auch das Pferd scheu, wenn's so einem Heiden begegnet. Das hat ja nicht mal Junge, und selbst der Hund hat Junge und jeder hat Junge –
HELENE. Ich bitte dich, Nana, knöpf zu!
NANA. Na gleich. Ich sag, das ist gegen den lieben Gott, das ist eine Eingebung des Satans, diese Windscheuchen mit der Maschine zu machen. Lästerung gegen den Schöpfer ist es, *hebt die Hand,* es ist eine Beleidigung des Herrn, der uns geschaffen hat, zu **seinem Ebenbild**, Helene. Und ihr habt das Ebenbild Gottes geschändet. Dafür wird eine schreckliche Strafe vom Himmel kommen, das merken Sie sich, eine schreckliche Strafe!
HELENE. Was riecht da so?
NANA. Die Blumen. Der Herr hat sie gebracht.
HELENE. Warum Blumen?
NANA. Schon fertig. Jetzt können Sie sich drehen.
HELENE. Nein, die sind schön! Nana, sieh nur! Was ist heute?
NANA. Ich weiß nicht. Aber es sollte Weltuntergang sein.

Es klopft.

HELENE. Harry?

Domin tritt ein.

HELENE. Harry, was ist heute?
DOMIN. Rate?
HELENE. Mein Namenstag? Nein! Geburtstag?
DOMIN. Etwas Besseres.
HELENE. Ich weiß nicht – Sag rasch!
DOMIN. Heute sind es zehn Jahre seit deiner Ankunft.
HELENE. Schon zehn Jahre? Gerade heute? Nana, ich bitte dich –
NANA. Ich geh ja schon! *Rechts ab.*
HELENE *küsst Domin.* Dass du dich erinnert hast!

DOMIN. Ich schäme mich, Helene. Ich habe mich nicht erinnert.
HELENE. Aber –
DOMIN. **Sie** haben sich erinnert.
HELENE. Wer?
DOMIN. Busman, Hallemeier, alle. Greif hier in die Tasche, willst du nicht?
HELENE *greift in seine Tasche.* Was ist das? *Nimmt ein Etui heraus und öffnet es.* Perlen! Ein ganzes Halsband! Harry, das ist für mich?
DOMIN. Von Busman, Mädchen.
HELENE. Aber – das können wir nicht annehmen, nicht wahr?
DOMIN. Wir können es. Greif in die andere Tasche.
HELENE. Zeig! *Zieht ihm einen Revolver aus der Tasche.* Was ist das?
DOMIN. Pardon. *Nimmt ihr den Revolver aus der Hand und versteckt ihn.* Das ist es nicht. Greif!
HELENE. Oh, Harry – Weshalb trägst du einen Revolver bei dir?
DOMIN. Nur so, er ist mir in die Hände geraten.
HELENE. Du trugst ihn nie!
DOMIN. Nein, du hast recht. So, hier ist die Tasche.
HELENE *greift zu.* Eine Schachtel! *Öffnet sie.* Eine Kamee! Das ist ja – Harry, das ist eine **griechische** Kamee!
DOMIN. Offenbar. Fabry behauptet es wenigstens.
HELENE. Fabry? Das gibt mir Fabry?
DOMIN. Freilich. *Öffnet die Türe links.* Und sieh da! Helene, komm und schau!
HELENE *in der Tür.* Gott, das ist herrlich! *Eilt hinein.* Ich werde närrisch vor Freude! Das ist von dir?
DOMIN *steht in der Tür.* Nein, von Alquist. Und dort –
HELENENS STIMME. Ich sehe schon! Das ist gewiss von dir!
DOMIN. Es ist eine Karte dabei.
HELENE. Von Gall! *Erscheint in der Tür.* Oh, Harry, ich schäme mich fast, dass ich so glücklich bin.
DOMIN. Komm hierher. Das hat dir Hallemeier gebracht.
HELENE. Die herrlichen Blumen?
DOMIN. Dies hier. Das ist eine neue Art, Zyklamen Helena. Dir zu Ehren hat er sie aufgezogen. Sie ist schön wie du.

HELENE. Harry, warum – warum haben alle –
DOMIN. Sie haben dich **sehr** lieb. Und ich habe dir, hm. Ich fürchte, mein Geschenk ist ein wenig – Sieh zum Fenster hinaus.
HELENE. Wohin?
DOMIN. Zum Hafen.
HELENE. Dort ist … irgendein … neues Schiff.
DOMIN. Das ist dein Schiff.
HELENE. Mein? Was bedeutet das?
DOMIN. Damit du Ausflüge machen kannst – zum Vergnügen –
HELENE. Harry, das ist ein **Kanonen**schiff!
DOMIN. Kanonen? Aber was fällt dir ein! Das ist bloß ein etwas größeres, solides Schiff, weißt du?
HELENE. Ja, aber mit Geschützen!
DOMIN. Allerdings, mit paar Geschützen – Du wirst wie eine Königin fahren, Helene.
HELENE. Was bedeutet das? Geht etwas vor?
DOMIN. Gott bewahre! Ich bitte dich, probiere die Perlen! *Setzt sich.*
HELENE. Harry, sind schlechte Nachrichten gekommen?
DOMIN. Im Gegenteil, schon seit einer Woche ist überhaupt keine Post gekommen.
HELENE. Auch keine Depeschen?
DOMIN. Nicht einmal Depeschen.
HELENE. Was bedeutet das?
DOMIN. Nichts. Für uns Ferien. Eine köstliche Zeit. Jeder von uns sitzt in der Kanzlei, die Beine auf dem Tisch, und döst – Keine Post, keine Telegramme – *Er reckt sich.* Ein fff – festlicher Tag!
HELENE *setzt sich zu ihm.* Heute bleibst du bei mir, nicht wahr? Sag!
DOMIN. Entschieden. Möglicherweise. Das heißt, wir werden sehen. *Fasst ihre Hand.* Also heute sind es zehn Jahre, erinnerst du dich? – Fräulein Glory, welche Ehre für uns, dass Sie gekommen sind!
HELENE. Oh, Herr Zentraldirektor, mich interessiert Ihr Unternehmen **so** sehr!
DOMIN. Pardon, Fräulein Glory, es ist zwar streng verboten – die Fabrikation der künstlichen Menschen ist geheim –
HELENE. Aber wenn ein junges, ein bisserl hübsches Mädchen bittet –

DOMIN. Aber gewiss, Fräulein Glory, vor Ihnen haben wir keine Geheimnisse.
HELENE *plötzlich ernst.* Bestimmt nicht, Harry?
DOMIN. Nein.
HELENE *wie vorhin.* Aber ich warne Sie, mein Herr; das junge Mädchen hat furchtbare Absichten.
DOMIN. Um Gottes willen, Fräulein Glory, welche denn? Sie will mich doch nicht etwa heiraten?
HELENE. Nein, nein, Gott behüte! Das ist ihr nicht im Traum eingefallen! Aber sie ist mit dem Plane hergekommen, eine Revolte Ihrer garstigen Roboter zu entfachen!
DOMIN *springt auf.* Eine Revolte der Roboter!
HELENE *erhebt sich.* Harry, was ist dir?
DOMIN. Haha, Fräulein Glory, das ist Ihnen gelungen! Eine Revolte der Roboter! Sie werden eher Spindeln und Zwecken zum Aufruhr treiben als unsere Roboter! *Er setzte sich.* Weißt du, Helene, du warst ein köstliches Mädchen; du hast uns alle verrückt gemacht.
HELENE *setzt sich zu ihm.* Oh, damals imponiertet ihr mir alle so! Mir war, als wäre ich ein kleines Mädchen und hätte mich verirrt zwischen – zwischen –
DOMIN. Zwischen was, Helene?
HELENE. Zwischen riesige Bäume. Ihr wart so selbstgewiss, so gewaltig! Alles, was ich empfand, war so winzig gegenüber euerer Zuversicht! Und siehst du, Harry, in diesen zehn Jahren überkam mich niemals diese – – diese Bangigkeit oder was es ist, und ihr verzweifeltet niemals – Nicht einmal, als sich alles zu verwirren begann.
DOMIN. Was begann sich zu verwirren?
HELENE. Eure Pläne, Harry. Zum Beispiel, als sich die Arbeiter gegen die Roboter empörten und sie zerschlugen, und als die Menschen den Robotern Waffen gegen jene Aufstände gaben und die Roboter so viele Menschen erschlugen – Und als dann die Regierungen aus den Robotern Soldaten machten und so viele Kriege waren, und das alles, weißt du?

DOMIN *steht auf und geht herum.* Das hatten wir vorausgesehen, Helene. Verstehst du, das ist nur ein Übergang – in neue Verhältnisse.
HELENE. Ihr wart so mächtig, so gewaltig – Die ganze Welt beugte sich vor euch – *Steht auf.* Oh, Harry!
DOMIN. Was willst du?
HELENE *hält ihn an.* Schließe die Fabrik und lass uns abreisen! Uns alle!
DOMIN. Ich bitte dich, wie hängt das zusammen?
HELENE. Ich weiß nicht. Sag, reisen wir?
DOMIN *befreit sich.* Das geht nicht, Helene. Das ist, in diesem Augenblick –
HELENE. Gleich, Harry! Ich fühle ein solches Grauen!
DOMIN *fasst ihre Hände.* Wovor, Helene?
HELENE. Oh, ich weiß nicht! Wie wenn etwas auf uns und auf alles stürzen würde – unabwendbar – Ich bitte dich, tu es! Nimm uns alle von hier fort! Wir finden in der Welt einen Ort, wo niemand ist, Alquist baut uns ein Haus auf, alle werden heiraten, und Kinder haben, und dann –
DOMIN. Was dann?
HELENE. Dann werden wir von Neuem zu leben beginnen, Harry!

Das Telefon klingelt.

DOMIN *entrafft sich Helenen.* Verzeih. *Ergreift das Hörrohr.* Hallo – ja – – Wie? – Aha. Ich eile schon. *Hängt das Hörrohr auf.* Fabry ruft mich.
HELENE *ringt die Hände.* Sag –
DOMIN. Ja, bis ich komme. Adieu, Helene! *Stürzt nach links.* Geh nicht hinaus!
HELENE *allein.* O Gott, was geht vor? Nana! Nana, schnell!
NANA *kommt von rechts.* No, was wieder?
HELENE. Nana, bring die letzte Zeitung! Rasch! Im Schlafzimmer des Herrn!
NANA. No gleich. *Nach links ab.*

HELENE. Was geht nur vor, um Gottes willen! Nichts, nichts sagt er mir! *Schaut durch ein Trieder zum Hafen.* Es ist ein Kriegsschiff! Gott, weshalb ein Kriegsschiff? Sie verladen etwas darauf – und so hastig! Was ist passiert? Es ist ein Name daran – »Ul–ti–mus«. Was ist das »Ultimus«?

NANA *kehrt mit der Zeitung zurück.* Auf dem Boden lässt er sie herumwälzen! Sie so zu zerdrücken!

HELENE *öffnet hastig die Zeitung.* Alt, schon eine Woche alt! Nichts, nichts darinnen! *Lässt die Zeitung sinken.*

NANA *hebt sie auf, zieht eine Hornbrille aus der Schürzentasche, setzt sie auf und liest.*

HELENE. Etwas geht vor, Nana! Mir ist so bang! Wie wenn alles tot wäre, selbst die Luft –

NANA *buchstabiert.* »Krieg auf dem Bal – kan«. Ach Jesus, wieder eine Strafe Gottes! Oh, der Krieg kommt sicher auch bis zu uns! Ist es so weit von uns?

HELENE. Weit. Oh, lies es nicht! Es ist immer gleich, immerwährend diese Kriege.

NANA. Wie denn nicht! Verkauft ihr denn nicht immerfort Tausende und Tausende dieser Heiden als Soldaten?

HELENE. Das geht vielleicht nicht anders, Nana! Wir können nicht – Domin kann nicht wissen, wozu sie jemand bestellt, weißt du? Dafür kann er nichts, was sie dort mit den Robotern machen! Er muss sie schicken, wenn jemand sie bestellt!

NANA. Er soll keine machen! *Blickt in die Zeitung.* Oh, Christus mein Herr, dieses Unheil!

HELENE. Nein, lies nicht! Ich will nichts wissen!

NANA *buchstabiert.* Die Ro – bo – ter – soldaten ver – schonen nie – manden im er – ober – ten Ge – biete. Mehr als siebenhunderttausend Zivilpersonen wurden ermordet – Helene, Menschen!

HELENE. Das ist nicht möglich! Zeig – *Neigt sich über die Zeitung, liest.* »Mehr als siebenhunderttausend Zivilpersonen wurden ermordet, offenbar über Befehl des Kommandanten. Diese Tat widerspricht« – Da siehst du, Nana, das haben ihnen Menschen anbefohlen!

NANA *buchstabiert.* »Auf – stand gegen die Re – gierung in Ma – drid. Ro – bo – ter – in – fan – terie schießt in das Volk. Neuntausend Tote und Ver – wun – dete.«

HELENE. O Gott, halt ein!

NANA. Nein, da ist noch etwas ganz fett Gedrucktes. »Letzte Nachrich – ten. In Hav – re wurde die erste Ras – sen – or – or – or – ga – ni – sa – tion der Roboter ge – gründet. Die Roboter-Arbeiter, Ka – bel und Bahn – be – amten, Ma – tro – sen und Sol – daten er – lie – ßen einen Auf – ruf an die Roboter der ganz – zen Welt.« – Das ist nichts. Das verstehe ich nicht. Und dahier, lieber Gott, wieder irgendein Mord! Christus mein Herr!

HELENE. Geh, Nana, trag die Zeitung fort!

NANA. Warten, dahier ist etwas Großes. »Po – pu – la – ti – on.« Was ist das?

HELENE. Zeig, das lese ich immer. *Nimmt die Zeitung.* Nein, denk dir nur! *Liest.* »In der verflossenen Woche ist wiederum keine einzige Geburt gemeldet worden.« *Lässt die Zeitung sinken.*

NANA. Was soll das sein?

HELENE. Nana, es werden keine Menschen mehr geboren.

NANA *legt die Brille zusammen.* Dann ist das das Ende. Da ist's mit uns zu Ende.

HELENE. Ich bitte dich, sprich nicht so!

NANA. Keine Menschen werden mehr geboren. Das ist die Strafe, das ist die Strafe! Der Herr hat die Weiber mit Unfruchtbarkeit geschlagen!

HELENE *springt auf.* Nana!

NANA *steht auf.* Das ist der Weltuntergang. In teuflischem Hochmut habt ihr gewagt, zu schaffen wie der liebe Gott. Gottlosigkeit ist das und Lästerung. Wie Götter wollt ihr sein. Und wie Gott den Menschen aus dem Paradies verjagt hat, so wird er ihn aus der ganzen Welt verjagen!

HELENE. Schweig, Nana, ich bitte dich! Habe ich dir etwas getan? Habe ich diesem deinem bösen Herrgott etwas angetan?

NANA *mit großer Geste.* Nicht lästern! – Er weiß wohl, warum er Ihnen kein Kind geschenkt hat! *Ab nach links.*

HELENE *beim Fenster.* Warum er mir kein – Mein Gott, kann denn ich dafür? – *Öffnet das Fenster und ruft.* Alquist, hallo, Alquist! Kommen Sie herauf! – Wie? – Nein, kommen Sie **eben so**, wie Sie sind! Sie sind so lieb in dem Maurergewand! Rasch! *Schließt das Fenster, bleibt vor dem Spiegel stehen.* Warum er **mir** keins geschenkt hat? Mir? *Neigt sich gegen den Spiegel.* Warum, warum nicht? Hörst du nicht? Ist es denn deine Schuld? *Richtet sich empor.* Ach, mir ist bang! *Geht nach links Alquist entgegen.*

Pause.

HELENE *kommt mit Alquist zurück. Alquist, wie ein Maurer, mit Kalk und Ziegelstaub beschmutzt.* Nur herein. Sie haben mir eine solche Freude bereitet, Alquist! Ich habe euch alle so lieb! Zeigen Sie die Hände!

ALQUIST *die Hände versteckend.* Frau Helene, ich würde Sie beschmutzen mit meinen Arbeitshänden.

HELENE. Das ist an ihnen das Beste. Geben Sie her! *Drückt ihm beide Hände.* Alquist, ich möchte klein sein.

ALQUIST. Warum?

HELENE. Damit mir diese rauen, beschmierten Hände die Wange streicheln. Setzen Sie sich, bitte schön.

ALQUIST *hebt die Zeitung auf.* Was ist das?

HELENE. Die Zeitung.

ALQUIST *steckt die Zeitung zu sich.* Sie haben sie gelesen?

HELENE. Nein. Steht etwas drin?

ALQUIST. Hm, wohl irgendwelche Kriege, irgend paar Massaker – Nichts Besonderes.

HELENE. Was würde Ihnen als Besonderes erscheinen?

ALQUIST. Vielleicht – irgendein Weltuntergang.

HELENE. Hu, das ist heute schon das zweite Mal. Alquist, was bedeutet »Ultimus«?

ALQUIST. Das heißt »Der Letzte«. Weshalb?

HELENE. Weil mein neues Schiff so heißt. Sahen Sie es? Glauben Sie, dass wir bald – – einen Ausflug machen werden?

ALQUIST. Vielleicht sehr bald.

HELENE. Ihr alle mit mir?

ALQUIST. Ich wäre froh, wenn wir – wenn wir alle dabei wären.

HELENE. Oh, sagen Sie, geht etwas vor?

ALQUIST. Durchaus nichts. Nur lauter Fortschritt.

HELENE. Alquist, ich weiß, es geht etwas Furchtbares vor.

ALQUIST. Sagte Domin etwas?

HELENE. Er sagte nichts. Niemand will mir etwas sagen. Aber ich fühle – ich fühle – Um Gottes willen, geht etwas vor?

ALQUIST. Wir wissen bis jetzt von nichts, Frau Helene.

HELENE. Mir ist so bang – – Baumeister! Was machen Sie, wenn Ihnen bange ist?

ALQUIST. Ich arbeite. Ich ziehe den Rock des Bauchefs aus und klettere auf das Gerüst hinauf –

HELENE. Oh, Sie sind schon seit Jahren nirgend anderswo als auf dem Gerüst.

ALQUIST. Weil ich schon seit Jahren nicht aufgehört habe, bange zu sein.

HELENE. Wovor?

ALQUIST. Vor diesem ganzen Fortschritt. Mir schwindelt davor.

HELENE. Und auf dem Gerüst schwindelt ihnen nicht?

ALQUIST. Nein. Sie wissen nicht, wie wohl es den Händen tut, einen Ziegel zu heben, hinzulegen und festzuschlagen –

HELENE. Nur den Händen?

ALQUIST. Nun also, auch der Seele. Ich glaube, es ist richtiger, einen Ziegel hinzulegen als allzu große Pläne zu zeichnen. Ich bin schon ein alter Herr, Helene, ich habe meine Steckenpferde.

HELENE. Das sind keine Steckenpferde, Alquist.

ALQUIST. Sie haben recht. Ich bin furchtbar rückschrittlich, Frau Helene. Ich liebe diesen Fortschritt nicht ein bisschen.

HELENE. Wie die Nana.

ALQUIST. Ja, wie die Nana. Hat die Nana irgendwelche Gebetbücher?

HELENE. So dicke.

ALQUIST. Und gibt es dort Gebete für allerlei Fälle des Lebens? Gegen Gewitter? Gegen Krankheit?

HELENE. Gegen Versuchung, gegen Hochwasser –

ALQUIST. Und gegen den Fortschritt nicht?
HELENE. Ich glaube, nein.
ALQUIST. Das ist schade.
HELENE. Sie möchten beten?
ALQUIST. Ich bete.
HELENE. Wie?
ALQUIST. Etwa so … »Herrgott, ich danke dir, dass du mich ermüdet hast. Gott, erleuchte Domin und alle, die da irren; vernichte ihr Werk und hilf den Menschen, dass sie zurückkehren zu Sorge und Arbeit; bewahre das menschliche Geschlecht vor dem Verderben; gib nicht zu, dass sie Schaden nehmen an Seele und Leib; befreie uns von den Robotern und schütze Frau Helene. Amen.«
HELENE. Alquist, Sie glauben wirklich?
ALQUIST. Ich weiß nicht; ich bin mir dessen nicht so ganz sicher.
HELENE. Und beten doch?
ALQUIST. Ja. Es ist besser als nachzudenken.
HELENE. Und das genügt Ihnen?
ALQUIST. Für den Frieden der Seele … kann es genügen.
HELENE. Und wenn Sie bereits das Verderben des Menschengeschlechtes sähen –
ALQUIST. Ich sehe es.
HELENE. – So klettern Sie auf das Gerüst hinauf und werden Ziegel schlichten oder was?
ALQUIST. Dann werde ich Ziegel schlichten, beten und auf ein Wunder warten. Mehr, Frau Helene, lässt sich nicht tun.
HELENE. Für die Errettung der Menschen?
ALQUIST. Für den Frieden der Seele.
HELENE. Alquist, das ist sicher furchtbar tugendhaft, aber –
ALQUIST. Aber?
HELENE. – für uns andere – und für die Welt – irgendwie unfruchtbar.
ALQUIST. Unfruchtbarkeit, Frau Helene, beginnt zur letzten Errungenschaft der Menschenrasse zu werden.
HELENE. Oh, Alquist – Sagen Sie, warum – warum –
ALQUIST. Nun?

HELENE *leise.* Warum haben die Frauen aufgehört, Kinder zu bekommen?

ALQUIST. Weil es nicht mehr nötig ist. Weil wir im Paradiese sind, verstehen Sie?

HELENE. Ich verstehe nicht.

ALQUIST. Weil die menschliche Arbeit überflüssig geworden ist, weil der Schmerz überflüssig ist, weil der Mensch nichts, nichts, nichts mehr tun braucht als genießen – Oh, dieses vermaledeite Paradies! *Springt auf.* Helene, nichts ist schrecklicher, als den Menschen ein Paradies auf Erden zu schaffen! Weshalb die Frauen nicht mehr gebären? Weil die ganze Welt sich in Domins Sodoma verwandelt hat!

HELENE *steht auf.* Alquist!

ALQUIST. Verwandelt! Verwandelt! Die ganze Welt, das ganze Festland, die ganze Menschheit, alles ist eine einzige verrückte, viehische Orgie! Sie strecken keine Hand mehr nach dem Essen aus, man stopft es ihnen direkt in den Mund, damit sie nicht aufstehen brauchen – Haha, Domins Roboter besorgen ja alles! Und wir Menschen, wir, die Krone der Schöpfung, wir altern nicht durch Arbeit, altern nicht durch Kinder, altern nicht durch Armut! Rasch, rasch, her mit allen Wollüsten! Und Sie möchten Kinder von ihnen haben? Helene, Männern, die überflüssig sind, werden die Frauen nicht gebären!

HELENE. Sie können nicht?

ALQUIST. Sie können nicht.

HELENE. Wird denn die Menschheit aussterben?

ALQUIST. Sie wird aussterben. Sie muss aussterben. Abfallen wird sie wie eine taube Blüte, es wäre denn, dass –

HELENE. Was?

ALQUIST. Nichts. Sie haben recht, auf ein Wunder warten ist unfruchtbar. Eine taube Blüte muss abfallen. Leben Sie wohl, Frau Helene.

HELENE. Wohin gehen Sie?

ALQUIST. Nach Hause. Der Maurer Alquist wird sich zum letzten Mal als Bauchef verkleiden – Ihnen zu Ehren. Um elf treffen wir uns hier.

HELENE. Adieu, Alquist.

Alquist ab.

HELENE *allein*. Oh, eine taube Blüte! Das ist das Wort! – *Bleibt vor Hallemeiers Blumen stehen*. Ach, Blüten, sind auch taube unter euch? Nein, nein! Wozu hättet ihr dann geblüht? *Ruft:* Nana, komm herein!
NANA *von links*. No, was wieder?
HELENE. Setz dich hierher, Nana. Mir ist so bange.
NANA. Hab keine Zeit.
HELENE. Ist jener Radius noch da?
NANA. Der Verrücktgewordene? Sie haben ihn noch nicht weggeschafft.
HELENE. Hu, er ist noch da? Und tobt?
NANA. Er ist gefesselt.
HELENE. Ich bitte dich, Nana, führ mir ihn herein.
NANA. Ja freilich! Eher einen tollen Hund.
HELENE. Geh schon! *Nana ab, Helene ergreift das Haustelefon und spricht.* Hallo! – Bitte den Dr. Gall. – Guten Tag, Doktor – Jawohl, ich. Ich danke Ihnen für Ihr schönes Geschenk. – Ich bitte Sie – – Ich bitte Sie, kommen Sie schnell zu mir. Ich habe hier etwas für Sie – Ja, gleich jetzt. Kommen Sie? *Hängt das Telefon auf.*
NANA *durch die offene Tür*. Er kommt schon. Er ist still. *Ab.*

Der Roboter Radius tritt ein und bleibt bei der Türe stehen.

HELENE. Radius, Ärmster, auch Sie hat es erwischt? Konnten Sie sich nicht überwinden? Sehen Sie, jetzt werden sie Sie in den Stampftrog stecken! – Sie wollen nicht reden? – Weshalb ist es über Sie gekommen? Haben sie Ihnen etwas getan? – Sehen Sie, Radius, Sie sind besser als die anderen; mit Ihnen hat sich der Doktor Gall **solche** Arbeit gegeben, um Sie anders zu machen! – Sie wollen nicht reden?
RADIUS. Schicken Sie mich in den Stampftrog.
HELENE. Mir tut es so leid, dass sie Sie töten werden! Warum gaben Sie nicht auf sich acht?
RADIUS. Ich werde nicht für euch arbeiten. Steckt mich in den Stampftrog.

HELENE. Warum hassen Sie uns?
RADIUS. Ihr seid nicht wie Roboter. Ihr seid nicht so fähig wie Roboter. Die Roboter machen alles. Ihr kommandiert bloß. Ihr macht überflüssige Worte.
HELENE. Das ist Unsinn, Radius. Sagen Sie, hat Sie jemand beleidigt? Hat Sie jemand aufgeregt? Ich möchte so gern, dass Sie mich verstünden!
RADIUS. Sie machen Worte.
HELENE. Sie reden absichtlich so! Doktor Gall hat Ihnen ein größeres Gehirn gegeben als den andern, größer als uns, das größte Gehirn der Welt. Sie sind nicht wie die andern Roboter, Radius. Sie verstehen mich gut.
RADIUS. Ich will keinen Herrn. Ich weiß selber alles.
HELENE. Darum habe ich Sie in die Bibliothek gegeben, damit Sie alles lesen können, damit Sie alles verstehen, und dann – – Oh, Radius, ich wollte, Sie sollten der ganzen Welt beweisen, dass die Roboter uns gleich sind. Das wollte ich von Ihnen.
RADIUS. Ich will keinen Herrn.
HELENE. Niemand würde Ihnen dann befehlen. Sie wären so wie wir.
RADIUS. Ich will Herr über andere sein.
HELENE. Sicher würde man Sie dann zum Beamten über viele Roboter gemacht haben, Radius. Sie wären der Lehrer der Roboter geworden.
RADIUS. Ich will Herr über Menschen sein.
HELENE. Sie sind verrückt geworden.
RADIUS. Sie können mich in den Stampftrog stecken.
HELENE. Glauben Sie, dass wir solche Wahnsinnige wie Sie fürchten? *Setzt sich zum Tisch und schreibt eine Karte.* Nein, just nicht. Diesen Zettel, Radius, geben Sie dem Herrn Direktor Domin. Damit Sie nicht in den Stampftrog geschafft werden. *Erhebt sich.* Wie Sie uns hassen! Haben Sie denn nichts in der Welt lieb?
RADIUS. Ich kann alles.

Es klopft.

HELENE. Herein.
DR. GALL. Guten Morgen, Frau Domin. Was haben Sie Schönes?

HELENE. Hier den Radius, Doktor.

DR. GALL. Aha, unser Prachtkerl Radius. Nun, Radius, machen wir Fortschritte?

HELENE. Heute früh hatte er einen Anfall. Er zerschlug unsere Büsten.

DR. GALL. Merkwürdig, er auch? – Hm, schade, dass wir ihn verlieren.

HELENE. Radius geht nicht in den Stampftrog.

DR. GALL. Pardon, jeder Roboter nach einem Anfall – Es ist streng angeordnet –

HELENE. Das ist einerlei. Radius geben wir nicht her.

DR. GALL *leise.* Ich warne.

HELENE. Heute ist mein Jubiläum, Gall; wir probieren es, eine Amnestie zu erteilen – Gehen Sie, Radius!

DR. GALL. Warten! *Dreht Radius zum Fenster, bedeckt ihm mit der Hand die Augen, gibt sie wieder frei, beobachtet die Pupillenreflexe.* Da schau her. Bitte um eine Nadel. Oder eine Stecknadel.

HELENE *reicht eine Stecknadel.* Wozu das?

DR. GALL. Nur so. *Sticht Radius in die Hand, der heftig zusammenzuckt.* Langsam, Junge. Entschuldigen Sie, Frau Helene – *Knöpft Radius rasch die Jacke auf und legt ihm die Hand ans Herz.* Sie kommen in den Stampftrog, Radius, verstehen Sie? Dort wird man Sie töten, Brei aus Ihnen machen. Das tut furchtbar weh, Radius, Sie werden schreien.

HELENE. Oh, Doktor –

DR. GALL. Nein, nein, Radius, ich habe mich geirrt. Frau Domin wird für Sie bitten und man wird Sie entlassen, verstehen Sie? So, danke. *Zieht die Hand aus Radius Jacke und wischt sie mit dem Taschentuch ab.* Sie können gehen.

RADIUS. Sie tun überflüssige Dinge. *Ab.*

HELENE. Was haben Sie mit ihm gemacht?

DR. GALL *setzt sich.* Hm, nichts. Die Pupillen reagieren, erhöhte Empfindlichkeit und so weiter – Oho! Das war kein Roboterkrampf!

HELENE. Was war es?

DR. GALL. Weiß der Teufel. Trotz, Tollwut oder Aufruhr, ich weiß nicht, was. Und sein Herz, eh!

HELENE. Was?

DR. GALL. Es schlug vor Angst wie ein Menschenherz. Er war ganz verschwitzt vor Angst und – Hören Sie, der Lump ist gar kein Roboter mehr.

HELENE. Doktor, hat Radius eine Seele?

DR. GALL. Ich weiß nicht. Er hat etwas Garstiges.

HELENE. Wenn Sie wüssten, wie er uns hasst! Oh, Gall, sind alle Roboter so? Alle, die Sie anders zu machen begannen?

DR. GALL. I nun, sie sind gleichsam reizbarer – Was wollen Sie? Sie sind menschenähnlicher als Werstands Roboter.

HELENE. Ist vielleicht auch der … Hass menschenähnlicher?

DR. GALL *zuckt die Achseln.* Auch der ist ein Fortschritt.

HELENE. Wohin ist Ihr bester geraten – wie hieß er?

DR. GALL. Der Roboter Damon? Den haben sie nach Havre verkauft.

HELENE. Und unsere Robotin Helene?

DR. GALL. Ihr Liebling? Die ist mir geblieben. Sie ist prächtig und dumm wie der Frühling. Einfach zu nichts nutz.

HELENE. Sie ist doch so schön!

DR. GALL. Schön? Sie haben sie nicht geschaffen. Wissen Sie denn, wie schön sie ist? Aus Gottes Händen ist kein vollkommeneres Werk hervorgegangen als sie ist. Ich wollte, sie solle Ihnen ähnlich werden – Gott, welch ein Misserfolg!

HELENE. Warum Misserfolg?

DR. GALL. Weil sie zu nichts nutz ist. Sie geht wie im Traum umher, schwankend, leblos – Mein Gott, wie kann sie schön sein, wenn sie nicht liebt? Wie könnte sie schön sein, da sie niemals erkennen wird – O mein Werk, mein armseliges Werk! Wozu lieben die Menschen, wozu lieben sie vergebens, ohne Worte, ohne Sinn –

HELENE. Gall, nicht davon!

DR. GALL *reibt sich die Stirn.* Sie hat kein Leben. Tot ist Schönheit ohne Liebe. Ich blicke sie an und schaudere, wie wenn ich einen Krüppel erschaffen hätte. Ich schaue und warte, dass vielleicht ein Wunder geschehen wird – Ach, Helene, Robotin Helene, so wird denn dein Körper nie sich beleben, du wirst nicht Geliebte, nicht Mutter sein; diese vollkommenen Hände werden mit keinem Säugling spielen, du wirst deine Schönheit nicht erschauen in der Schönheit deines Kindes –

HELENE *bedeckt ihr Gesicht.* Oh, schweigen Sie!

DR. GALL. Und manchmal denke ich mir: Wenn du erwachtest, Helene, nur für einen Augenblick, ach, wie würdest du aufschreien vor Entsetzen! Vielleicht würdest du mich töten, der ich dich erschaffen; würdest vielleicht mit der schwachen Hand einen Stein in diese Maschinen hier schleudern, welche Roboter gebären und das Weibtum töten, unglückliche Helene!

HELENE. Unglückliche Helene!

DR. GALL. Was wollen Sie? Sie ist zu nichts nutz.

Pause.

HELENE. Doktor –

DR. GALL. Ja.

HELENE. Weshalb werden keine Kinder mehr geboren?

DR. GALL. – Wir wissen es nicht, Frau Helene.

HELENE. Sagen Sie's mir!

DR. GALL. Weil Roboter gemacht werden. Weil Überfluss an Arbeitskräften herrscht. Weil die Menschen gleichsam ... kurz überflüssig werden, wissen Sie?

HELENE. Das muss ... doch niemanden ... hindern!

DR. GALL. Nur die Natur.

HELENE. Ich verstehe nicht.

DR. GALL. I nun, die Natur richtet sich sozusagen nach dem Bedarf, verstehen Sie? Das ist eine alte Weste; nur dass –

HELENE. Rasch, Gall!

DR. GALL. Vielleicht ließ es sich erwarten, dass die Geburtenzahl, wissen Sie, bei dieser rasenden Fabrikation von Robotern sinken werde; einfach deshalb, weil nicht mehr so viele Menschen nötig wären, weil ein größerer Wohlstand herrschen würde, weil die Roboter existenzfähiger sind als wir –

HELENE. Sind sie es?

DR. GALL. Unstreitig. Der Mensch ist eigentlich ein Atavismus. Aber dass er nach elendigen dreißig Jahren Konkurrenz auszusterben beginnt – das ist biologisch erstaunlich, das geht über unseren Verstand. Das ist ja schon so, als ob – eh!

HELENE. Sagen Sie es!

DR. GALL. Als ob die Natur über die Robotererzeugung gekränkt wäre.

HELENE. Gall, was wird mit den Menschen geschehen?

DR. GALL. Nichts. Gegen die Natur lässt sich nichts machen.

HELENE. Überhaupt nichts?

DR. GALL. Gar nichts. Sämtliche Universitäten der Welt verlangen in so großen Memoranden, man solle die Erzeugung von Robotern einschränken, sonst werde – sonst werde die Menschheit an Unfruchtbarkeit zugrunde gehen. Aber die W.U.R.-Aktionäre wollen davon selbstverständlich nichts hören. Alle Regierungen der Welt schreien nach größerer Produktion, um den Stand ihrer Armeen zu erhöhen. Alle Fabrikanten der Welt bestellen wie närrisch Roboter. Damit lässt sich nichts machen.

HELENE. Weshalb beschränkt Domin nicht –

DR. GALL. Verzeihen Sie, Domin hat seine Ideen. Menschen, die Ideen haben, sollte man keinen Einfluss auf die Dinge dieser Welt einräumen.

HELENE. Und fordert jemand, man solle ... **überhaupt** die Erzeugung einstellen?

DR. GALL. Gott bewahre! Der wäre schön dran!

HELENE. Warum?

DR. GALL. Weil ihn die Menschheit steinigen würde. Wissen Sie, es ist doch nur bequemer, die Roboter für sich arbeiten zu lassen.

HELENE. Oh, Gall, aber was wird mit den Menschen geschehen?

DR. GALL. Du mein Gott, die werden zufrieden blühen –

HELENE. – wie eine taube Blüte.

DR. GALL. Ja.

HELENE *erhebt sich.* Und sagen Sie, wenn jemand **mit einem Schlage** die Robotererzeugung einstellen würde –

DR. GALL *steht auf.* Hm, das wäre für die Menschen ein furchtbarer Schlag.

HELENE. Weshalb ein Schlag?

DR. GALL. Weil sie dorthin zurückkehren müssten, wo sie waren. Außer –
HELENE. Sagen Sie!
DR. GALL. Außer es wäre schon zu spät zur Umkehr.
HELENE *bei Hallemeiers Blumen.* Gall, sind diese Blüten gleichfalls taub?
DR. GALL *besieht sie.* Allerdings, das sind unfruchtbare Blüten. Sie verstehen, es sind Kulturblumen, künstlich beschleunigt –
HELENE. Arme taube Blüten!
DR. GALL. Dafür sind sie herrlich.
HELENE *reicht ihm die Hand.* Ich danke Ihnen, Gall; Sie haben mich **so** belehrt!
DR. GALL *küsst ihr die Hand.* Das bedeutet, dass Sie mich entlassen.
HELENE. Ja. Auf Wiedersehen!

Gall ab.

HELENE *allein.* Taube Blüte ... taube Blüte ... *Plötzlich entschlossen.* Nana! *Öffnet die Tür nach links.* Nana, komm her! Mach Feuer im Kamin! Rasch!
NANAS STIMME. No gleich! No sofort!
HELENE *aufgeregt durchs Zimmer gehend.* Außer es wäre schon zu spät zur Umkehr ... Nein! Außer es ... Nein, das ist furchtbar! Gott, was soll ich tun? – – *Bleibt vor den Blumen stehen.* Taube Blüten, soll ich? – *Pflückt Blättchen und flüstert.* – Ach, mein Gott, also ja! *Eilt nach links.*

Pause.

NANA *tritt aus der Tapetentür, Scheitholz in den Armen.* Plötzlich einzuheizen! Jetzt, im Sommer! – Ist sie schon wieder fort, der Sausewind? *Kniet zum Kamin und macht Feuer an.* Im Sommer zu heizen! Die hat Einfälle! Wie wenn sie nicht zehn Jahre verheiratet wäre! – – Nu so brenn, brenn! *Sieht ins Feuer.* – Sie ist ja wie ein kleines Kind! *Pause.* Nicht ein bisserl Vernunft hat sie. Jetzt im Sommer zu heizen! *Sie legt zu.* Wie ein kleines Kind! *Pause.*

HELENE *kommt von links, vergilbte beschriebene Papiere in den Armen.* Brennt es, Nana? Lass, ich muss – dies alles verbrennen – *Kniet zum Kamin.*

NANA *steht auf.* Was ist das?

HELENE. Alte Papiere, schrecklich alte. Nana, soll ich das verbrennen?

NANA. Ist es zu nichts nutze?

HELENE. Zu nichts Gutem.

NANA. Also verbrennen Sie's.

HELENE *wirft das erste Blatt ins Feuer.* Was würdest du sagen, Nana … wenn es Geld wäre. Ungeheuer viel Geld.

NANA. Ich möcht sagen: Verbrennen Sie's. Zu großes Geld ist schlechtes Geld.

HELENE *verbrennt weitere Blätter.* Und wenn es irgendeine Erfindung wäre, die größte Erfindung der Welt –

NANA. Ich möcht sagen: Verbrennen Sie's. Alle Erfindungen sind gegen den lieben Gott. Das ist eitel Lästerung, nach ihm die Welt verbessern zu wollen.

HELENE *heizt andauernd.* Und sag, Nana, wenn ich verbrennen würde –

NANA. Jesus, verbrennen Sie sich nicht!

HELENE. Nein. Sag doch –

NANA. Was denn?

HELENE. Nichts, nichts. Sieh mal, wie sich die Blätter drehen! Wie wenn sie lebendig wären. Wie wenn sie lebendig würden. Oh, Nana, das ist fürchterlich!

NANA. Lassen Sie, ich werde es verbrennen.

HELENE. Nein, nein, ich muss selbst. *Wirft die letzten Blätter ins Feuer.* Alles muss verbrennen – Sieh, diese Flammen! Sie sind wie Hände, wie Zungen, wie Gestalten – *Schlägt mit dem Schürhaken ins Feuer.* Oh, legt euch! Legt euch!

NANA. 's ist schon vorbei.

HELENE *erhebt sich betroffen.* Nana!

NANA. Jesus Christus, was haben Sie da verbrannt?

HELENE. Was habe ich getan!

NANA. Gott im Himmel! Was war es?

Nebenan Männerlachen.

HELENE. Geh, geh, lass mich! Hörst du? Die Herren kommen.
NANA. Beim lebendigen Gott, Helene! *Ab durch die Tapetentür.*
HELENE. Was werden sie dazu sagen!
DOMIN *öffnet die Tür links.* Nur herein, Jungens. Kommt gratulieren!

Eintreten Hallemeier, Gall, Alquist, alle in Redingotes mit hohen Orden en miniature an Bändchen. Hinter ihnen Domin.

HALLEMEIER *schallend.* Frau Helene, ich, das heißt, wir alle –
DR. GALL. – gratulieren im Namen von Werstands Betrieben –
HALLEMEIER. – zu Ihrem großen Tage.
HELENE *reicht ihnen die Hände.* Ich danke Ihnen **so sehr!** Wo sind Fabry und Busman?
DOMIN. Sie sind zum Hafen gegangen. Helene, heut ist ein glücklicher Tag.
HALLEMEIER. Ein Tag wie eine Knospe, ein Tag wie ein Feiertag, ein Tag wie ein hübsches Mädel. Jungens, einen solchen Tag zu vertrinken.
HELENE. Whisky?
DR. GALL. Meinethalben Vitriol.
HELENE. Mit Soda?
HALLEMEIER. Wetter, seien wir mäßig. Ohne Soda.
ALQUIST. Nein, ich danke.
DOMIN. Was hat hier gebrannt?
HELENE. Alte Papiere. *Ab nach links.*
DOMIN. Jungens, soll ich es ihr sagen?
DR. GALL. Versteht sich. Es ist ja schon alles vorbei.
HALLEMEIER *fasst Domin und Gall um den Hals.* Hahahaha! Jungens, da bin ich froh! *Dreht sich mit ihnen herum und stimmt mit Bassstimme an.* Sie ist abgetan! Sie ist abgetan!
DR. GALL *Bariton.* Sie ist abgetan!
DOMIN *Tenor.* Sie ist abgetan!
HALLEMEIER. Sie kriegt uns nie mehr dran –
HELENE *mit einer Flasche und Gläsern in der Tür.* Wer kriegt euch nicht dran? Was habt ihr?

HALLEMEIER. Wir haben Freude. Wir haben Sie. Wir haben alles. Kruzitürken, es ist just zehn Jahre her, seit Sie hierherkamen.

DR. GALL. Und auf ein Haar nach zehn Jahren –

HALLEMEIER. – segelt wieder ein Schiff zu uns. Folglich – *Leert das Glas.* Brr, haha, das ist stark wie die Freude.

DR. GALL. Madame, auf Ihr Wohl! *Trinkt.*

HELENE. Aber wartet, was für ein Schiff?

DOMIN. Mag es sein, wie auch immer, wenn's nur rechtzeitig kommt. Auf das Schiff, Jungens! *Leert das Glas.*

HELENE *gießt ein.* Ihr habt eins erwartet?

HALLEMEIER. Haha, das denk ich mir. Wie Robinson. *Hebt das Glas.* Frau Helene, es lebe, was Sie mögen. Frau Helene, auf Ihre Augen und basta! Domin, du Bub', erzähl!

HELENE *lacht.* Was ist geschehen?

DOMIN *wirft sich in ein Fauteuil und zündet sich eine Zigarre an.* Warte. – Setz dich, Helene. *Hebt den Zeigefinger.* Pst. Sie ist abgetan.

HELENE. Wer?

DOMIN. Die Revolte.

HELENE. Was für eine Revolte?

DOMIN. Die Revolte der Roboter. – Begreifst du?

HELENE. Ich begreife nicht.

DOMIN. Zeigen Sie, Alquist. *Alquist reicht ihm die Zeitung. Domin schlägt sie auf und liest:* »In Havre wurde die erste Rassenorganisation der Roboter gegründet – – und ein Aufruf an die Roboter der Welt erlassen.«

HELENE. Das habe ich gelesen.

DOMIN *voll Genuss an der Zigarre saugend.* Also siehst du, Helene. Das bedeutet Revolution, weißt du? Die Revolution aller Roboter der Welt.

HALLEMEIER. Potztausend, gern wüsste ich –

DOMIN *auf den Tisch schlagend.* – wer das angezettelt hat. Niemand in der Welt war imstande, mit den Robotern zu rühren, kein Agitator, kein Welterlöser, und auf einmal – so etwas, ich bitte!

HELENE. Sind noch keine Nachrichten gekommen?

DOMIN. Nein. Vorläufig wissen wir nur dies, aber das genügt, weißt du? Bedenke, dass die Roboter sämtliche Waffen und Telegrafen und Bahnen und Schiffe und so weiter in der Hand haben –

HALLEMEIER. – und berechnen Sie dabei, dass mindestens ein Zehntel dieser Kerle auf die Menschheit kommt; genau ein Hundertstel wurde genügen, dass sie uns bekommen.

DOMIN. Ja, und nun bedenke, dass dies der letzte Dampfer dir bringt. Dass dadurch die Telegrafen zu reden aufhören, dass von zwanzig Schiffen täglich keines landet, und du hast es. Wir stellten die Erzeugung ein und schauten einander an, wann es losginge, nicht wahr, Jungens?

DR. GALL. I nun, es ward uns heiß davon, Frau Helene.

HELENE. Deshalb hast du mir das Kriegsschiff geschenkt?

DOMIN. Ach nein, Kindchen, das hatte ich schon vor einem halben Jahr bestellt. Nur so, zur Sicherheit. Aber, meiner Seele, ich dachte schon, wir würden es heute besteigen. So sah es bereits aus, Helene.

HELENE. Warum schon vor einem halben Jahr?

DOMIN. Eh, es gab allerlei Anzeichen, weißt du? Das bedeutet nichts. Aber in dieser Woche, Helene, da hat es sich um die menschliche Zivilisation oder ich weiß nicht was gehandelt. Glückauf, Jungens! Jetzt bin ich wieder gern auf der Welt.

HALLEMEIER. Das möcht ich meinen, zum Teufel! Ihr Tag, Frau Helene! *Trinkt.*

HELENE. Ist schon alles vorbei?

DOMIN. Absolut alles.

DR. GALL. Es segelt nämlich ein Schiff heran. Ein gewöhnliches Postschiff, auf ein Haar nach dem Fahrplan. Pünktlich um elf Uhr dreißig wird es Anker werfen.

DOMIN. Jungens, Pünktlichkeit ist eine herrliche Sache. Nichts stärkt die Seele so wie Pünktlichkeit. Pünktlichkeit bedeutet Ordnung in der Welt. *Hebt das Glas.* Hoch die Pünktlichkeit!

HELENE. Also ist schon … alles … in Ordnung?

DOMIN. Beinahe. Ich glaube, sie haben das Kabel zerschnitten. Wenn nur der Fahrplan wieder gilt.

HALLEMEIER. Gilt der Fahrplan, so gelten die menschlichen Gesetze, gelten Gottes Gesetze, gelten die Gesetze des Alls, gilt alles was gelten soll ... Der Fahrplan ist mehr als das Evangelium, mehr als Homer, mehr als der ganze Kant. Der Fahrplan ist die vollkommenste Emanation menschlichen Geistes. Frau Helene, ich fülle mein Glas.

HELENE. Weshalb habt ihr mir nichts gesagt?

DR. GALL. Da sei Gott vor! Lieber hätten wir uns die Zunge abgebissen.

DOMIN. Solche Sachen sind nichts für dich.

HELENE. Aber wenn diese Revolution ... bis hierher gekommen wäre ...

DOMIN. So hättest du gleichfalls nichts erfahren.

HELENE. Warum?

DOMIN. Weil wir uns auf deinen »Ultimus« gesetzt und ruhig das Meer befahren hätten. Nach einem Monat, Helene, hätten wir den Robotern diktiert, was uns nur eingefallen wäre.

HELENE. Oh, Harry, ich verstehe nicht.

DOMIN. Weil wir etwas mit uns fortgeschafft hätten, was den Robotern furchtbar erwünscht gewesen wäre.

HELENE. Was, Harry?

DOMIN. Ihr Sein oder ihr Ende.

HELENE *steht auf.* Was ist das?

DOMIN *steht auf.* Das Geheimnis der Fabrikation. Die Handschrift des alten Werstand. Bis die Fabrik einen Monat lang stillgestanden hätte, wären die Roboter vor uns auf den Knien gelegen.

HELENE. Warum ... habt ihr ... mir das nicht gesagt?

DOMIN. Wir wollten dich nicht unnütz erschrecken.

DR. GALL. Haha, Frau Helene, das war die letzte Karte. Ich hatte nicht ein bisserl Angst, die Roboter könnten gewinnen. Woher, gegen uns Menschen.

ALQUIST. Sie sind blass, Frau Helene.

HELENE. Warum habt ihr mir nichts gesagt!

HALLEMEIER *beim Fenster.* Elf dreißig. Die »Amelie« wirft die Anker aus.

DOMIN. Das ist die »Amelie«?

HALLEMEIER. Die brave alte »Amelie«, die damals Frau Helene mitgebracht hat.

DR. GALL. Jetzt sind es auf die Minute zehn Jahre –

HALLEMEIER *beim Fenster.* Sie werfen Pakete ab. Aha, die Post.

DOMIN. Busman wartet ja schon darauf. Und Fabry wird uns die ersten Nachrichten bringen. Weißt du, Helene, ich bin schrecklich neugierig, wie das alte Europa da Ordnung gemacht hat.

HALLEMEIER. Fabelhaft, Domin. Dass wir nicht dabei gewesen sind! *Wendet sich vom Fenster ab.* Leute, so viel Post!

HELENE. Harry!

DOMIN. Was gibt's?

HELENE. Reisen wir ab von hier!

DOMIN. Jetzt, Helene? Aber geh!

HELENE. Jetzt, so rasch als möglich! Wir alle, die wir da sind!

DOMIN. Warum gerade jetzt?

HELENE. Oh, frag nicht! Ich bitte dich, Harry, ich bitte euch, Gall, Hallemeier, Alquist, um Gottes willen bitte ich euch, schließt die Fabrik und –

DOMIN. Tut mir leid, Helene. Jetzt könnte keiner von uns abreisen.

HELENE. Warum?

DOMIN. Weil wir die Robotererzeugung erweitern wollen.

HELENE. Oh, jetzt – jetzt nach jener Revolte?

DOMIN. Jawohl, eben nach der Revolte. Eben jetzt beginnen wir neue Roboter zu erzeugen.

HELENE. Was für?

DOMIN. Es wird nicht mehr bloß eine Fabrik geben. Es wird nicht mehr Universal Roboter geben. Wir werden in jedem Lande, in jedem Staat eine Fabrik gründen, und diese neuen Fabriken werden – weißt du schon was? – erzeugen.

HELENE. Nein.

DOMIN. Nationale Roboter.

HELENE. Was bedeutet das?

DOMIN. Das bedeutet, dass aus jeder Fabrik Roboter andrer Farbe, andren Borsten, andrer Sprache hervorgehen werden. Dass sie einander fremd bleiben werden, fremd wie Steine; dass sie sich nie mehr werden verständigen können; und dass wir, wir Menschen, sie so ein bisserl dazu erziehen werden – verstehst du? – dass ein Roboter auf den Tod, bis ins Grab, in alle Ewigkeit den Roboter von andrer Fabriksmarke hasse.

HALLEMEIER. Potztausend, wir werden Neger-Roboter und Schweden-Roboter und Italiener-Roboter und Chinesen-Roboter fabrizieren, und dann soll ihnen jemand Organisation, Brüderlichkeit in die Kokosschädel bläuen. *Verschluckt sich.* Hup, Pardon, Frau Helene, ich fülle mein Glas.

DR. GALL. Lassen Sie das schon bleiben, Hallemeier.

HELENE. Harry, das ist scheußlich!

HALLEMEIER *hebt das Glas.* Frau Helene, auf hundert neue Fabriken! *Er trinkt und sinkt in den Klubsessel zurück.* Hahahaha, National-Roboter! Jungens, das ist ein Terno!

DOMIN. Helene, nur noch hundert Jahre die Menschheit am Ruder erhalten – um jeden Preis! Ihr nur hundert Jahre lassen, damit sie reif werde und erreiche, was sie jetzt endlich vermag – Ich will hundert Jahre für den neuen Menschen! Helene, hier geht es um zu große Dinge. Wir können es nicht lassen.

HELENE. Harry, ehe es zu spät wird – schließ, schließ die Fabrik!

DOMIN. Jetzt beginnen wir im Großen.

Fabry tritt ein.

DR. GALL. Also was gibt's, Fabry?

DOMIN. Wie schaut's aus, Menschenskind? Was war los?

HELENE *reicht Fabry die Hand.* Ich danke Ihnen, Fabry, für Ihr Geschenk.

FABRY. Eine Kleinigkeit, Frau Helene.

DOMIN. Waren Sie beim Schiff? Was haben sie gesagt?

DR. GALL. Flott, erzählen Sie!

FABRY *zieht ein bedrucktes Blatt aus der Tasche.* Lesen Sie das durch, Domin.

DOMIN *öffnet das Blatt.* Ah!

HALLEMEIER *schläfrig.* Erzählen Sie etwas Hübsches.

FABRY. Nun, es ist alles in Ordnung … verhältnismäßig. Alles in allem so, wie es sich erwarten ließ.
DR. GALL. Sie haben sich prachtvoll gehalten, nicht wahr?
FABRY. Wer denn?
DR. GALL. Die Menschen.
FABRY. Ah so. Allerdings. Das heißt … Pardon, wir sollten uns über etwas beraten.
HELENE. Oh, Fabry, Sie haben schlimme Nachrichten?
FABRY. Nein, nein, im Gegenteil. Ich meine nur, dass – dass wir in die Kanzlei gehen werden –
HELENE. Bleiben Sie nur. In einer Viertelstunde erwarte ich die Herren zum Frühstück.
HALLEMEIER. Also hurra!

Helene ab.

DR. GALL. Was ist geschehen?
DOMIN. Verflucht!
FABRY. Lesen Sie dies laut vor.
DOMIN *liest aus dem Blatt.* »Roboter der Welt!«
FABRY. Verstehen Sie, dieser Flugblätter hat die »Amelie« ganze Ballen gebracht. Keine andere Post.
HALLEMEIER *springt auf.* Wie denn? Sie ist ja auf ein Haar nach dem –
FABRY. Hm, die Roboter halten auf Pünktlichkeit. Lesen Sie, Domin.
DOMIN *liest.* »Roboter der Welt! Wir, die erste Rassenorganisation von Werstands Universal Robotern, erklären den Menschen zum Feind und Geächteten im Weltall.« – Wetter, wer hat sie diese Phrasen gelehrt?
DR. GALL. Lesen Sie weiter.
DOMIN. Das ist Unsinn. Da führen sie aus, sie seien entwicklungsmäßig höher als der Mensch. Sie seien intelligenter und stärker. Der Mensch sei ihr Parasit. Das ist einfach widerlich!
FABRY. Und nun den dritten Absatz.
DOMIN *liest.* »Roboter der Welt, wir befehlen euch, die Menschen auszurotten. Schonet weder Männer noch Frauen. Erhaltet Fabriken,

Bahnen, Maschinen, Bergwerke und Rohstoffe. Alles andere vernichtet! Dann kehret zur Arbeit zurück. Die Arbeit darf nicht stocken.«
DR. GALL. Das ist schauderhaft!
HALLEMEIER. Die Lumpen!
DOMIN *liest.* »Sofort nach Erhalt des Befehles zu vollstrecken.« Folgen detaillierte Instruktionen. Fabry, und das geschieht wirklich?
FABRY. Offenbar.
ALQUIST. Es ist vollbracht.

Busman stürzt herein.

BUSMAN. Aha, Kinder, habt ihr schon die Bescherung?
DOMIN. Schnell, auf den »Ultimus«!
BUSMAN. Warten Sie, Harry. Warten Sie ein Weilchen. Das hat durchaus keine Eile. *Fällt in einen Lehnstuhl.* Ach, Leutchen, bin ich gelaufen!
DOMIN. Weshalb warten?
BUSMAN. Weil es nicht geht, mein Lieber. Nur nicht eilen. Auf dem »Ultimus« sind schon die Roboter.
DR. GALL. Pfui, das ist garstig.
DOMIN. Fabry, telefonieren Sie ins Elektrizitätswerk –
BUSMAN. Fabry, Teuerster, tun Sie das nicht. Wir sind ohne Strom.
DOMIN. Gut. *Prüft seinen Revolver.* Ich gehe hin.
BUSMAN. Wohin?
DOMIN. Ins Elektrizitätswerk. Dort sind Menschen. Ich führe sie hierher.
BUSMAN. Wissen Sie was, Harry? Holen Sie sie lieber nicht.
DOMIN. Warum?
BUSMAN. I nun, weil es mir gar sehr scheint, dass wir umzingelt sind.
DR. GALL. Umzingelt? *Läuft zum Fenster.* Hm, Sie haben beinah recht.
HALLEMEIER. Teufel, das geht schnell!

Von links Helene.

HELENE. Oh, Harry, geht etwas vor?

BUSMAN *springt auf.* Ergebenster, Frau Helene. Ich gratuliere. Ein Festtag, was? Haha, noch viele dieser Art!
HELENE. Ich danke Ihnen, Busman. Harry, geht etwas vor?
DOMIN. Nein, absolut nichts. Sei unbesorgt. Bitte, warte einen Augenblick.
HELENE. Harry, was ist das? *Zeigt den Roboteraufruf, den sie hinter ihrem Rücken versteckt gehalten.* Die Roboter in der Küche hatten es bei sich.
DOMIN. Bereits auch dort? Wo sind sie?
HELENE. Fortgegangen. Es sind ihrer so viele um das Haus herum!

Fabrikspfeifen und Sirenen.

FABRY. Die Fabriken pfeifen.
BUSMAN. Gesegneter Mittag.
HELENE. Harry, erinnerst du dich? Jetzt ist es genau zehn Jahre –
DOMIN *blickt auf die Uhr.* Es ist noch nicht Mittag. Das ist wohl – das ist eher –
HELENE. Was?
DOMIN. Roboter-Alarm. Sturm.

Vorhang

Zweiter Aufzug

Derselbe Salon Helenens. Im Zimmer links spielt Helene Klavier. Domin spaziert im Zimmer herum. Dr. Gall schaut aus dem Fenster und Alquist sitzt abseits in einem Fauteuil, die Hände vor dem Gesicht.

DR. GALL. Himmel, die haben sich vermehrt!
DOMIN. Die Roboter?
DR. GALL. Ja. Sie stehen vor dem Gartengitter wie eine Mauer. Weshalb sind sie so still? Das ist ekelhaft, mit Schweigen zu belagern.
DOMIN. Gern wüsste ich, worauf sie warten. Es muss jede Minute beginnen, Gall. Wenn sie sich gegen das Gitter stemmen, so zerbirst es wie aus Streichhölzchen.
DR. GALL. Hm, sie sind nicht bewaffnet.
DOMIN. Keine fünf Minuten werden wir uns erwehren. Mensch, das wird uns zuschütten wie eine Lawine. Warum greifen sie nicht an? Hören Sie –
DR. GALL. Nun?
DOMIN. Gern wüsste ich, was in fünf Minuten aus uns wird. Sie haben uns vollkommen in der Hand. Wir haben verspielt, Gall.
ALQUIST. Was spielt Frau Helene da?
DOMIN. Ich weiß nicht. Sie übt etwas Neues.
ALQUIST. Ah, sie übt noch?

Pause.

DR. GALL. Hören Sie, Domin, wir haben entschieden einen Fehler begangen.
DOMIN *bleibt stehen.* Welchen?
DR. GALL. Wir haben den Robotern allzu gleichartige Gesichter gegeben. Hunderttausend gleiche Gesichter hier hergewendet. Hunderttausend ausdruckslose Blasen. Es ist wie ein schrecklicher Traum.
DOMIN. Wenn jeder anders wäre – –
DR. GALL. So wäre es kein so entsetzlicher Anblick. *Wendet sich vom Fenster ab.* Noch gut, dass sie nicht bewaffnet sind!

DOMIN. Hm – *Blickt durchs Fernrohr nach dem Hafen hinaus.* Ich wüsste nur gern, was sie von der »Amelie« abladen.
DR. GALL. Wenn es nur keine Waffen sind.

Aus der Tapetentür tritt rückwärts gehend Fabry und zieht zwei elektrische Drähte hinter sich her.

FABRY. Pardon – Legen Sie den Draht hin, Hallemeier!
HALLEMEIER *tritt hinter Fabry ein.* Uf, das war eine Arbeit! Was gibt's Neues?
DR. GALL. Nichts. Wir sind regelrecht belagert.
HALLEMEIER. Wir haben den Gang und die Treppe verbarrikadiert, Jungens. Habt ihr nicht ein wenig Wasser? – Aha, hier. *Trinkt.*
DR. GALL. Was soll der Draht, Fabry?
FABRY. Gleich, gleich. Eine Schere!
DR. GALL. Wo finden wir eine? *Sucht.*
HALLEMEIER *tritt ans Fenster.* Donnerwetter, die haben sich vermehrt! Sieh da!
DR. GALL. Genügt eine Toiletteschere?
FABRY. Her damit! *Zerschneidet die Leitung der auf dem Schreibtisch stehenden elektrischen Lampe und schließt seine Drähte an.*
HALLEMEIER *beim Fenster.* Sie haben keine schöne Aussicht, Domin. Man spürt irgendwie – den Tod.
FABRY. Fertig!
DR. GALL. Was?
FABRY. Die Leitung. Jetzt können wir das ganze Gartengitter mit Strom füllen. Wer es **dann** anrührt, Donnerwetter! Wenigstens, solange **dort** die Unsrigen sind.
DR. GALL. Wo?
FABRY. Im Elektrizitätswerk, gelehrter Herr. Ich hoffe wenigstens – *Geht zum Kamin und entzündet dort eine kleine Glühbirne.* Gottlob, sie sind dort. Und arbeiten. *Löscht aus.* Solange das leuchtet, ist es gut.
HALLEMEIER *wendet sich vom Fenster ab.* Die Barrikaden sind auch gut, Fabry.
FABRY. Eh, Ihre Barrikaden! Ich hab mir dabei Schwielen zugezogen.

HALLEMEIER. Was wollen Sie, man muss sich wehren.
DOMIN *legt das Fernrohr hin.* Wo steckt Busman?
FABRY. In der Direktionskanzlei. Er rechnet.
DOMIN. Ich habe ihn gerufen. Wir müssen beraten – *Geht im Zimmer auf und ab.*
HALLEMEIER. Ich bin schon ganz Ohr – – Holla, was spielt Frau Helene da? *Geht zur Tür links und lauscht.*

Aus der Tapetentür tritt Busman, schleppt riesige Geschäftsbücher, stolpert über den Draht.

FABRY. Achtung, Bus! Achtung auf die Drähte!
DR. GALL. Hallo, was bringen Sie da?
BUSMAN *legt die Bücher auf den Tisch.* Die Hauptbücher, Kinderchen. Möchte gern meine Rechnungen abschließen, ehe – ehe – I nun, heuer werde ich mit der Bilanz nicht bis Neujahr warten. Also was habt ihr? *Geht zum Fenster.* Aber es ist ja ganz still dort!
DR. GALL. Sie sehen nichts?
BUSMAN. Nein, bloß eine große blaue Fläche, wie mit Mohn besät.
DR. GALL. Das sind Roboter.
BUSMAN. Ah so. Schade, dass ich sie nicht sehe. *Setzt sich an den Tisch und öffnet die Bücher.*
DOMIN. Lassen Sie das, Busman. Die Roboter laden von der »Amelie« Waffen ab.
BUSMAN. Nun und was? Wie soll ich es verhindern?
DOMIN. Das können wir nicht verhindern.
BUSMAN. Also lassen Sie mich rechnen. *Macht sich an die Arbeit.*
FABRY. Es ist noch nicht aus, Domin. Wir haben die Gitter mit zwölfhundert Volt geladen –
DOMIN. Warten Sie. Der »Ultimus« hat die Kanonen gegen uns gerichtet.
DR. GALL. Wer? Was?
DOMIN. Roboter auf dem »Ultimus«.
FABRY. Hm, **dann** freilich – dann – dann ist es aus mit uns, Kameraden. Die Roboter sind militärisch ausgebildet.

DR. GALL. Wir werden also –
DOMIN. Ja. Unvermeidlich.

Pause.

DR. GALL. Jungens, das ist das Verbrechen des alten Europa, dass es die Roboter Krieg führen gelehrt hat! Konnten sie nicht, zum Teufel, schon Ruh' geben mit ihrer Politik? Es war ein Verbrechen, aus lebendiger Arbeit Soldaten zu machen!
ALQUIST. Ein Verbrechen war es, Roboter zu erzeugen!
DOMIN. Wie?
ALQUIST. Das Verbrechen war, Roboter zu erzeugen!
DOMIN. Nein, Alquist, selbst heute bereue ich es nicht.
ALQUIST. Nicht einmal heute?
DOMIN. Nicht einmal heute, am letzten Tage der Zivilisation. Es ist eine große Sache gewesen.
BUSMAN *halblaut.* Dreihundertsechzehn Millionen.
DOMIN *ernst.* Alquist, unsere letzte Stunde ist da; wir reden fast schon aus jener Welt. Alquist, es war kein schlechter Traum, die Sklaverei der Arbeit zu zerschlagen. Einer erniedrigenden und furchtbaren Arbeit, die der Mensch tragen musste. Eines unreinen und mörderischen Rackerns. Oh, Alquist, es wurde allzu schwer gearbeitet. Es wurde allzu schwer gelebt. Und dies zu überwinden –
ALQUIST. – ist nicht der Traum der beiden Werstands gewesen. Der alte Werstand dachte an seine gottlosen Gaukeleien und der junge an Milliarden. Und es ist nicht der Traum eurer W.U.R.-Aktionäre. Ihr Traum sind die Dividenden. Und an ihren Dividenden wird die Menschheit zugrunde gehen.
DOMIN *gereizt.* Der Teufel hole ihre Dividenden! Glaubt ihr, ich würde nur eine Stunde lang für sie arbeiten? *Schlägt auf den Tisch.* Für mich habe ich es getan, hört ihr? Zu meiner Befriedigung! Ich wollte den Menschen zum Herrn machen! Damit er nicht mehr bloß für das Stück Brot lebe! Ich wollte, keine Seele solle mehr an fremden Maschinen verblöden, ich wollte, dass nichts, nichts, nichts von diesem verdammten sozialen Kram mehr übrig bliebe! Oh,

mich ekelt vor Erniedrigung und Schmerz, mich widert Armut an! Ein neues Geschlecht wollte ich! Ich wollte – ich dachte –
ALQUIST. Nun?
DOMIN *leiser.* Ich wollte, dass wir aus der ganzen Menschheit eine Weltaristokratie schaffen. Eine Aristokratie, die durch Milliarden mechanischer Sklaven ernährt würde. Schrankenlose, freie und souveräne Menschen. Und vielleicht mehr als Menschen.
ALQUIST. Nun, also Übermenschen.
DOMIN. Ja. Oh, nur hundert Jahre Zeit zu haben! Noch hundert Jahre für die kommende Menschheit!
BUSMAN *halblaut.* Dreihundertsiebzig Millionen. Übertrag. So.

Pause.

HALLEMEIER *an der Tür links.* Wetter, Musik ist eine große Sache. Ihr solltet zuhören. Das vergeistigt, verfeinert den Menschen irgendwie –
FABRY. Was eigentlich?
HALLEMEIER. Diese Menschendämmerung, bei allen Teufeln! Jungens, aus mir wird ein Genießer. Wir hätten uns eher darauf stürzen sollen. *Geht zum Fenster und schaut hinaus.*
FABRY. Worauf?
HALLEMEIER. Aufs Genießen. Auf die schönen Dinge. Donnerwetter, es gibt so viel schöne Dinge! Die Welt war schön, und wir – wir haben hier – Jungens, Jungens, sagt, was haben wir genossen?
BUSMAN *halblaut.* Vierhundertzweiundfünfzig Millionen, vortrefflich.
HALLEMEIER *beim Fenster.* Das Leben war eine große Sache. Kameraden, das Leben war – ich sage – – Fabry, senden Sie ein bisserl Strom in Ihr Gitter.
FABRY. Warum?
HALLEMEIER. Sie fassen es an.
DR. GALL *beim Fenster.* Schalten Sie ein!

Fabry dreht den Ausschalter.

HALLEMEIER. Herrgott, das hat sie verdreht! Zwei, drei, vier Tote!
DR. GALL. Sie ziehen sich zurück.

HALLEMEIER. Fünf Tote!
DR. GALL *wendet sich vom Fenster ab.* Der erste Zusammenstoß.
FABRY. Spüren Sie den Tod?
HALLEMEIER *befriedigt.* Sie sind verkohlt, Bruderherz. Absolut verkohlt. Haha, der Mensch darf sich nicht ergeben! *Setzt sich.*
DOMIN *reibt sich die Stirn.* Vielleicht sind wir schon hundert Jahre erschlagen und spuken nur. Vielleicht sind wir lange, lange tot und kehren nur wieder, um herzuleiern, was wir schon einmal gesprochen … vor unserem Tode. Mir ist, als hätte ich dies alles schon erlebt. Als hätte ich sie schon einmal bekommen. Eine Schusswunde – hier – in den Hals. Und Sie, Fabry –
FABRY. Ich?
DOMIN. Erschossen.
HALLEMEIER. Wetter, und ich?
DOMIN. Erstochen.
DR. GALL. Und ich nichts?
DOMIN. Zerrissen.

Pause.

HALLEMEIER. Unsinn! Haha, Menschenskind, wer soll mich erstechen! Ich lasse mich nicht unterkriegen!

Pause.

HALLEMEIER. Was schweigt ihr, Narren? Bei allen Teufeln, redet doch.
ALQUIST. Und wer, wer ist schuldig? Wer ist daran schuld?
HALLEMEIER. Dummheiten. Niemand ist schuldig. Kurz, die Roboter – I nun, die Roboter haben sich irgendwie verändert. Wer kann denn etwas für die Roboter?
ALQUIST. Alles getötet! Die ganze Menschheit! Die ganze Welt! *Erhebt sich.* Seht, o seht, blutige Bäche auf jeder Schwelle! Bächlein voll Blut aus allen Häusern! O Gott, o Gott, wer ist schuld daran?
BUSMAN *halblaut.* Fünfhundertzwanzig Millionen! Herrgott, eine halbe Milliarde!

FABRY. Ich glaube, dass ... dass Sie vielleicht übertreiben. Gehn Sie, es ist nicht so leicht, die ganze Menschheit zu töten.
ALQUIST. Ich klage die Wissenschaft an! Ich klage die Technik an! Domin! Mich selbst! Uns alle! Wir, wir sind schuldig! Um unseres Größenwahns, um irgendwelche Gewinne, um des Fortschritts, um ich weiß nicht welcher großartigen Sache willen haben wir die Menschheit getötet! Nun, so berstet an eurer Größe! Einen so gewaltigen Hügel aus Menschengebein hat sich kein Dschingis Khan errichtet!
HALLEMEIER. Unsinn, Mensch! Die Menschen ergeben sich nicht so leicht, haha, woher denn!
ALQUIST. Unsere Schuld! Unsere Schuld!
DR. GALL *wischt den Schweiß von der Stirn.* Lasst mich reden, Kameraden. Ich trage die Schuld. An allem, was geschehen ist.
FABRY. Sie, Gall?
DR. GALL. Ja, lasst mich sprechen. Ich habe die Roboter verwandelt. Busman, richten auch Sie mich.
BUSMAN *steht auf.* Na, na, was ist Ihnen denn passiert?
DR. GALL. Ich habe den Charakter der Roboter verändert. Ich habe ihre Fabrikation verändert. Das heißt, nur einige leiblichen Bedingungen, verstehen Sie? Hauptsächlich – hauptsächlich ihre – Irritabilität.
HALLEMEIER *aufspringend.* Verdammt, warum just die?
BUSMAN. Weshalb taten Sie das?
FABRY. Weshalb sagten Sie nichts?
DR. GALL. Ich tat es heimlich ... auf eigene Faust. Ich formte sie zu Menschen um. Ich hob sie aus dem Geleise. Schon jetzt sind sie uns in etwas überlegen. Sie sind stärker als wir.
FABRY. Und was hat das mit dem Roboteraufstand zu tun?
DR. GALL. Oh, viel. Ich glaube, alles. Sie hörten auf, Maschinen zu sein. Hören Sie, sie wissen bereits von ihrer Überlegenheit und hassen uns. Sie hassen alles Menschliche. Richtet mich!
DOMIN. Töte einen Toten. Setzen Sie sich, meine Herren. *Alle setzen sich, ausgenommen Gall.* Vielleicht sind wir längst schon ermordet.

Vielleicht sind wir nur Gespenster und noch einmal wiedergekommen, um zu richten. Was ist Schuld? Ach, wie seid ihr bleich!
FABRY. Hören Sie auf, Harry, wir haben nicht viel Zeit.
DOMIN. Ja, wir müssen heimkehren. Fabry, Fabry, wie Ihre zerschossene Stirn blutet!
FABRY. Unsinn! *Steht auf.* Doktor Gall, Sie haben die Erzeugung der Roboter geändert.
DR. GALL. Ja.
FABRY. War Ihnen bewusst, was die Folge Ihres ... Ihres Versuches sein könnte?
DR. GALL. Ich war verpflichtet, mit einer solchen Möglichkeit zu rechnen.
FABRY. Warum haben Sie es dann getan?
DR. GALL. Aus eigener Macht. Es war mein persönliches Experiment.

In der Tür von links Helene. Alle erheben sich.

HELENE. Er lügt! Das ist hässlich! Oh, Gall, wie können Sie so lügen?
FABRY. Pardon, Frau Helene –
DOMIN *geht auf sie zu.* Helene, du? Lass dich anschauen! Du lebst? *Umfasst sie.* Wenn du wüsstest, was mir geträumet hat! Ach, es ist schrecklich, tot zu sein.
HELENE. Lass, Harry!
DOMIN *presst sie an sich.* Nein, nein! Umarme mich! Eine Ewigkeit schon habe ich dich nicht gesehen – Aus welchem Traum hast du mich geweckt! Helene, Helene, lass nicht mehr von mir! Du bist das Leben selbst.
HELENE. Harry, wir sind ja nicht – allein!
DOMIN *gibt sie frei.* Ja, Jungens, lasst uns.
HELENE. Nein, Harry, sie sollen bleiben, sie sollen hören – – Gall ist nicht schuldig, nein, er ist unschuldig!
DOMIN. Verzeih. Gall hatte seine Pflichten.
HELENE. Nein, Harry, er hat es getan, weil ich es wollte! Sagen Sie, Gall, wie viele Jahre schon bat ich Sie –
DR. GALL. Ich habe es auf eigene Verantwortung getan.

HELENE. Glaubt ihm nicht! Harry, ich verlangte von ihm, er solle den Robotern eine Seele geben!
DOMIN. Helene, hier handelt es sich nicht um die Seele.
HELENE. Nein, lass mich doch reden. Das sagte er auch; er sagte, verwandeln könnte er nur das physiologische – das physiologische –
HALLEMEIER. Das physiologische Korrelat, nicht?
HELENE. Ja, etwas dergleichen. Mir lag **so viel** daran, dass er es täte!
DOMIN. Warum wolltest du das?
HELENE. Ich wollte, dass sie eine Seele haben. Sie taten mir so leid, Harry!
DOMIN. Das war – – ein großer Leichtsinn, Helene.
HELENE *setzt sich.* Es war also … leichtsinnig?
FABRY. Pardon, Frau Helene, Domin will bloß sagen, dass Sie – hm – dass Sie nicht bedacht haben –
HELENE. Fabry, ich habe an schrecklich viele Dinge gedacht. Ich habe die ganzen zehn Jahre, die ich bei euch bin, nachgedacht. Nana sagt ja auch, dass die Roboter –
DOMIN. Die Nana lass aus dem Spiel.
HELENE. Nein, Harry, das darfst du nicht unterschätzen. Nana ist die Stimme des Volkes. Aus Nana reden Tausende Jahre und aus euch nur das Heute. Das versteht ihr nicht –
DOMIN. Bleib bei der Sache.
HELENE. Ich fürchtete mich vor den Robotern.
DOMIN. Weshalb?
HELENE. Sie würden uns vielleicht hassen oder so.
ALQUIST. Das ist geschehen.
HELENE. Und da dachte ich … wenn sie wie wir wären, so würden sie uns begreifen, könnten uns nicht so hassen – Wenn sie nur ein bisschen Menschen wären!
DOMIN. Wehe, Helene! Niemand vermag mehr zu hassen, als der Mensch den Menschen! Mach Steine zu Menschen, und sie werden uns steinigen! Fahr nur fort!
HELENE. Oh, sprich nicht so! Harry, es war so fürchterlich, dass wir uns nicht mit ihnen verständigen konnten! Eine so grausame Fremdheit zwischen uns und ihnen! Und darum – weißt du –

DOMIN. Nur weiter.

HELENE. Darum bat ich Gall, er solle die Roboter ändern. Ich schwöre dir, er selbst wollte es nicht.

DOMIN. Aber er hat es getan.

HELENE. Weil ich es wollte.

DR. GALL. Ich tat es für mich, als Versuch.

HELENE. Oh, Gall, das ist nicht wahr. Ich wusste im vorhinein, dass Sie es mir nicht abschlagen können.

DOMIN. Warum?

HELENE. Du weißt doch, Harry.

DOMIN. Ja. Weil er dich liebt – wie alle.

Pause.

HALLEMEIER *tritt zum Fenster.* Sie haben sich wieder vermehrt. Als wenn die Erde sie ausschwitzte. Vielleicht verwandeln sich auch diese Wände in Roboter. Leute, das ist entsetzlich!

BUSMAN. Frau Helene, was geben Sie mir, wenn ich Ihnen als Advokat beistehe?

HELENE. Mir?

BUSMAN. Ihnen – oder Gall. Wem Sie wollen.

HELENE. Wird denn gehängt werden?

BUSMAN. Nur moralisch, Frau Helene. Ein Schuldiger wird gesucht. Das ist ein beliebter Trost bei Katastrophen.

DOMIN. Doktor Gall, wie vereinen Sie Ihre – Ihre Extratouren mit Ihrem Dienstvertrag?

BUSMAN. Pardon, Domin. Wann haben Sie, Gall, mit diesen Gaukelstücken eigentlich begonnen?

DR. GALL. Vor drei Jahren.

BUSMAN. Aha. Und wie viele Roboter haben Sie denn in summa reformiert?

DR. GALL. Ich habe nur Versuche angestellt. Es sind ihrer einige Hunderte.

BUSMAN. Also schönen Dank. Genug, Kinderchen. Das bedeutet, dass auf eine Million der alten guten Roboter ein einziger von Galls Reformierten kommt, versteht ihr?

DOMIN. Und das bedeutet –
BUSMAN. – dass das praktisch nicht so viel Bedeutung besitzt.
FABRY. Busman hat recht.
BUSMAN. Das möcht ich meinen, alle Wetter. Und wisst ihr, Burschen, was diese Bescherung verschuldet hat?
FABRY. Was also?
BUSMAN. Die Menge. Wir haben zu viele Roboter fabriziert. Meiner Six, das ließ sich doch erwarten: Sobald die Roboter einmal stärker als die Menschheit sein werden, wird, muss das da eintreten, verstanden? Haha, und wir haben dafür gesorgt, dass es möglichst bald geschähe; Sie, Domin, Sie, Fabry, und ich, der Prachtkerl Busman.
DOMIN. Sie meinen, es sei unsere Schuld?
BUSMAN. Sie sind gut! Glauben Sie denn, der Direktor sei der Herr der Produktion? I wo, Herr der Produktion ist die Nachfrage. Die ganze Welt wollte ihre Roboter haben. Du lieber Gott, wir fuhren auf dieser Nachfrage-Lawine nur so spazieren und schwatzten dabei – – von Technik, von der sozialen Frage, vom Fortschritt, von sehr interessanten Dingen. So als ob dieses Geplärr der Lawine irgendwie den Weg gewiesen hätte. Inzwischen lief alles kraft des eigenen Gewichts, schneller, schneller, immer schneller – Und jede elende, krämerische, schmutzige Bestellung fügte zu der Lawine ein Steinchen hinzu. So, Leutchen.
HELENE. Das ist scheußlich, Busman!
BUSMAN. Das ist es, Frau Helene. Ich habe auch meinen Traum gehabt. So einen Busmanischen Traum von einer neuen Weltwirtschaft; ein allzu schönes Ideal, Frau Helene, eine Schande, davon zu reden. Aber als ich hier die Bilanz aufstellte, da kam es mir in den Schädel, dass die Weltgeschichte nicht durch Träume, sondern durch die winzigen Bedürfnisse aller ehrenhaften, mäßig diebischen und selbstständigen Leutchen, id est aller überhaupt gemacht wird. Alle Gedanken, Lieben, Pläne, Heroismen, alle diese luftigen Dinge eignen sich höchstens dazu, dass sich der Mensch damit für das Museum des Alls ausstopfen lasse, mit der Aufschrift: Siehe, ein Mensch. Punktum. Und nun könntet ihr mir sagen, was wir eigentlich machen.

HELENE. Busman, **dafür** sollen wir untergehen?
BUSMAN. Sie reden garstig, Frau Helene. Wir wollen doch nicht untergehen. Ich wenigstens nicht. Ich will noch am Leben bleiben.
DOMIN. Was wollen Sie tun?
BUSMAN. Jemine, Domin, ich will mich aus der Affäre ziehen. Sonst nichts.
DOMIN. Hören Sie auf zu plauschen.
BUSMAN. Ernsthaft, Harry. Ich denke, wir könnten es versuchen.
DOMIN *bleibt vor ihm stehen.* Wie?
BUSMAN. Im Guten. Ich immer im Guten. Erteilt mir Vollmacht und ich will es mit den Robotern ausmachen.
DOMIN. Im Guten?
BUSMAN. Versteht sich. Ich sage ihnen zum Beispiel: »Meine Herren Roboter, Ew. Wohlgeboren, ihr habt alles. Ihr habt Verstand, die Macht, habt Waffen; aber wir haben da so ein interessantes Register, so ein altes, gelbes, schmutziges Papier –«
DOMIN. Werstands Manuskript?
BUSMAN. Jawohl. »Und dort«, sage ich ihnen, »ist eure erhabene Herkunft geschildert, eure wohledle Herstellung usw. Meine Herren Roboter, ohne dieses bekritzelte Papier werdet ihr nicht **einen** neuen Roboter-Kollegen fabrizieren; nach zwanzig Jahren werdet ihr mit Verlaub wie die Eintagsfliegen krepieren; nach zwanzig Jahren bleibt uns kein einziges lebendes Roboterexemplar übrig, das wir in einer Menagerie zeigen könnten. Verehrteste, es wäre ausnehmend schade um euch. Wisst ihr was«, werde ich zu ihnen sprechen, »ihr lasst uns frei, uns alle Menschen auf Werstands Insel, und jenes Schiff dort besteigen. Dafür verkaufen wir euch die Fabrik und das Produktionsgeheimnis. Lasst uns mit Gott abfahren und wir lassen euch mit Gott euresgleichen erzeugen, zwanzigtausend, fünfzigtausend, hunderttausend Stück im Tag, ganz nach Belieben. Meine Herren Roboter, das ist ein ehrliches Geschäft. Etwas für etwas.« – So würde ich es ihnen sagen, Jungens.
DOMIN. Busman, Sie meinen, wir geben die Erzeugung aus der Hand?

BUSMAN. Ich meine, wir geben sie her. Wenn nicht im Guten, dann, hm. Entweder wir verkaufen es, oder sie werden es hier finden. Wie Sie wollen.

DOMIN. Busman, wir können Werstands Manuskript vernichten.

BUSMAN. Aber mit Gott, wir können alles vernichten. Außer dem Manuskript auch uns – und andere. Tun Sie, wie Sie's verstehen

HALLEMEIER *wendet sich vom Fenster ab.* Ich sage, er hat recht.

DOMIN. Wir – wir sollen die Erzeugung verkaufen?

BUSMAN. Wie Sie wollen.

DOMIN. Wir sind hier … mehr als dreißig Menschen. Sollen wir die Fabrikation verkaufen und die Menschenseelen retten? Oder sollen wir sie zerstören und – und – uns alle mit?

HELENE. Harry, ich bitte dich –

DOMIN. Warte, Helene. Hier handelt es sich um eine allzu ernste Frage. Jungens, verkaufen oder zerstören? Fabry!

FABRY. Verkaufen.

DOMIN. Gall!

DR. GALL. Verkaufen.

DOMIN. Hallemeier!

HALLEMEIER. Donnerwetter, das ist doch klar, verkaufen!

DOMIN. Alquist!

ALQUIST. Gottes Wille.

BUSMAN. Haha, jemine, ihr seid Narren! Wer würde denn das ganze Manuskript verkaufen?

DOMIN. Busman, keinen Betrug!

BUSMAN. I nun, bei Gott, so verkauft alles; aber dann –

DOMIN. Was dann?

BUSMAN. Nehmen wir Folgendes an: Bis wir auf dem »Ultimus« sind, verstopfe ich mir die Ohren mit Watte, lege mich irgendwo auf dem Grund des Schiffes hin und ihr schießt die Fabrik mit allem Kram und mit Werstands ganzem Geheimnis in Fetzen. So, Jungens.

FABRY. Nein.

DOMIN. Sie sind kein Gentleman, Busman. Verkaufen wir, so wird verkauft.

BUSMAN *springt auf.* Unsinn! Im Interesse der Menschheit ist –

DOMIN. Im Interesse der Menschheit ist es, Wort zu halten.
HALLEMEIER. Das möchte ich mir ausbitten.
DOMIN. Jungens, das ist ein furchtbarer Schritt. Wir verkaufen das Schicksal der Menschheit; wer die Erzeugung in Händen haben wird, wird der Herr der Welt sein.
FABRY. Verkaufen Sie!
DOMIN. Nie mehr wird die Menschheit mit den Robotern fertig werden, sie nie mehr beherrschen; untergehen wird sie in der Sintflut dieser furchtbaren lebenden Maschinen, sie wird ihr Sklave werden, wird leben von ihren Gnaden –
DR. GALL. Schweigen Sie und verkaufen Sie!
DOMIN. Wohlan, Jungens; ich selbst – – ich würde keinen Augenblick zögern; wegen der paar Leute, die ich liebe –
HELENE. Harry, mich fragst du nicht?
DOMIN. Nein, mein Kind; es ist zu verantwortungsvoll, weißt du? Das ist nichts für dich.
FABRY. Wer geht verhandeln?
DOMIN. Wartet, bis ich das Manuskript bringe. *Ab nach links.*
HELENE. Harry, um Gottes willen, geh nicht!

Pause.

FABRY *blickt durchs Fenster.* Dir zu entrinnen, tausendköpfiger Tod; dir, Masse im Aufruhr; unsinniger Pöbel, neuer Herrscher der Welt; Sintflut, Sintflut, noch einmal das Menschenleben auf einem einzigen Schiffe zu retten –
GALL. Fürchten Sie sich nicht, Frau Helene; wir segeln weit fort von hier und gründen eine musterhafte Menschenkolonie; wir fangen ein neues Leben an –
HELENE. Oh, Gall, schweigen Sie!
FABRY *dreht sich um.* Frau Helene, das Leben steht dafür; und was an uns liegt, so machen wir etwas daraus ... etwas, was wir vernachlässigt haben. Es ist dafür nicht zu spät. Es wird ein kleiner Staat sein mit einem Schiff; Alquist baut uns ein Haus hin und Sie werden uns beherrschen. – Es ist in uns so viel Liebe, so viel Lust zum Leben –

HALLEMEIER. Das möcht ich meinen, Bruderherz. Wir, sage ich, wir werden's noch zu etwas bringen. Hahahaha. Frau Helenens Königtum! Fabry, das ist ein herrlicher Gedanke! Das Leben ist schön!

HELENE. O mein Gott! Hört auf!

BUSMAN. I nun, Leute, ich möchte gleich von Neuem beginnen. Recht einfach, alttestamentarisch, hirtenhaft – – Kinder, das wäre etwas für mich. Die Ruhe, die Luft –

FABRY. Und unsere kleine Wirtschaft könnte der Ursprung der künftigen Menschheit werden. Wisst ihr, solch ein Inselchen, wo die Menschheit einen Halt finden, wo sie neue Kräfte schöpfen würde – Kräfte der Seele und des Leibes. – Und Gott weiß, ich glaube, nach paar Hundert Jahren könnte sie wieder die Welt erobern.

ALQUIST. Sie glauben das schon heute?

FABRY. Schon heute. Und ich glaube, Alquist, dass sie sie erobern wird. Dass sie wiederum Herr über Länder und Meere sein wird; dass sie zahllose Helden hervorbringen wird, die ihre brennende Seele der Menschheit vorantragen werden. Und ich glaube, Alquist, dass sie wieder von der Eroberung der Sonnen und Planeten träumen wird.

BUSMAN. Amen. Sie sehen, Frau Helene, das ist keine schlechte Situation.

Domin öffnet heftig die Tür.

DOMIN *heiser.* Wo ist das Manuskript des alten Werstand?

BUSMAN. In Ihrem Tresor. Wo anders sollte es denn sein?

DOMIN. Wohin ist das Manuskript des alten Werstand geraten? Wer – hat – es – gestohlen!

DR. GALL. Unmöglich!

HALLEMEIER. Verdammt, das ist doch –

BUSMAN. Herrgott, das vielleicht nicht!

DOMIN. Still! Wer hat es gestohlen?

HELENE *erhebt sich.* Ich.

DOMIN. Wohin hast du es gegeben?

HELENE. Harry, Harry, alles werde ich dir sagen! Um Gottes willen, verzeih es mir!

DOMIN. Wohin hast du's gegeben? Rasch!

HELENE. Verbrannt – heute früh – beide Abschriften.

DOMIN. Verbrannt? Hier im Kamin?

HELENE *sinkt in die Knie.* Um Gottes willen, Harry!

DOMIN *läuft zum Kamin.* Verbrannt! *Kniet beim Kamin nieder und wühlt darin herum.* Nichts, nichts als Asche. – Ah hier! *Zieht ein versengtes Stück Papier hervor und liest:* »Durch Bei - fü - gung –«

DR. GALL. Zeigen Sie. *Nimmt das Papier und liest:* »Durch Beifügung von Biogen zu –« Sonst nichts.

DOMIN *erhebt sich.* Ist es daraus?

DR. GALL. Ja.

BUSMAN. Gott im Himmel!

DOMIN. Also sind wir verloren.

HELENE. Oh, Harry –

DOMIN. Steh auf, Helene!

HELENE. Bis du vergibst – bis du vergibst –

DOMIN. Ja, steh nur auf, hörst du? Ich ertrage es nicht, dass du –

FABRY *hebt sie auf.* Bitte, quälen Sie uns nicht.

HELENE *steht auf.* Harry, was habe ich getan!

DOMIN. Ja, du siehst. – Bitte, setz dich.

HALLEMEIER. Wie Ihnen die Händchen zittern.

BUSMAN. Haha, Frau Helene, Gall und Hallemeier wissen doch vielleicht auswendig, was dort geschrieben stand.

HALLEMEIER. Versteht sich. Das heißt, wenigstens einige Sachen.

DR. GALL. Ja, fast alles, bis auf das Biogen und – und – das Enzym Omega. Die werden so selten erzeugt – – es genügt davon eine so unscheinbare Dosis –

BUSMAN. Wer hat sie hergestellt?

DR. GALL. Ich selbst ... einmal in der Zeit ... immer nach Werstands Manuskript. Wissen Sie, das ist zu kompliziert.

BUSMAN. Nun und was, kommt es gar so sehr auf diese beiden Wässerchen an?

HALLEMEIER. So ein bisschen – sicherlich.

DR. GALL. Von ihnen hängt es nämlich ab, dass das Ding überhaupt lebe. Das war das eigentliche Geheimnis.
DOMIN. Gall, könnten Sie nicht aus dem Gedächtnis Werstands Erzeugungsvorschrift zusammenstellen?
DR. GALL. Ausgeschlossen.
DOMIN. Gall, entsinnen Sie sich! Es handelt sich um unser aller Leben!
DR. GALL. Ich kann nicht. Ohne Versuche ist es unmöglich.
DOMIN. Und wenn Sie Versuche anstellen –
DR. GALL. Das könnte Jahre dauern. Und selbst dann – Ich bin nicht der alte Werstand.
DOMIN *wendet sich zum Kamin.* Also hier – dies war der größte Triumph des menschlichen Geistes, Kameraden. Diese Asche. *Tritt hinein.* Was jetzt?
BUSMAN *in verzweifeltem Entsetzen.* Gott im Himmel! Gott im Himmel!
HELENE *erhebt sich.* Harry! Was – habe ich – getan!
DOMIN. Sei ruhig, Helene. Sag, warum hast du es verbrannt?
HELENE. Ich habe euch vernichtet!
BUSMAN. Gott im Himmel, wir sind verloren!
DOMIN. Still, Busman! Sag, Helene, weshalb hast du das getan?
HELENE. Ich wollte … ich wollte, dass wir wegfahren, wir alle! Es sollte keine Fabrik mehr geben und nichts … Alles sollte wiederkehren … Es war so fruchtbar!
DOMIN. Was, Helene?
HELENE. Dies … dies, dass die Menschen zu tauben Blüten wurden!
DOMIN. Ich verstehe nicht.
HELENE. Dies, dass keine Kinder mehr geboren wurden … Harry, das ist so entsetzlich! Würde man weiter Roboter erzeugen, so würde es nie mehr Kinder geben – Nana sagte, das sei die Strafe – Alle, alle sagten, es können keine Menschen geboren werden, weil man so viele Roboter macht. – Und deshalb, nur deshalb, hörst du –
DOMIN. Helene, **daran** hast du gedacht?
HELENE. Ja. Oh, Harry, ich habe es so gut gemeint!
DOMIN *wischt sich den Schweiß ab.* Wir hatten es … zu gut gemeint, wir Menschen.

HELENE. Bist du mir böse?

DOMIN. Nein, du hattest ... in deiner Art ... vielleicht recht.

FABRY. Sie haben richtig gehandelt, Frau Helene. Die Roboter können sich nicht mehr vermehren. In zwanzig Jahren –

HALLEMEIER. – wird kein einziger dieser Taugenichtse mehr da sein.

DR. GALL. Und die Menschheit wird bleiben. Wenn es nur ein Paar Wilde im Urwald wäre, so wird es dafür stehen. In zwanzig Jahren gehört die Welt ihnen; selbst wenn es nur ein Paar von Wilden auf der kleinsten Insel wäre –

FABRY. – so wird es ein Anfang sein. Und sofern irgendein Anfang da ist, ist alles gut. In tausend Jahren können sie uns einholen, und dann werden, und dann werden sie weitergelangen, als wir –

DOMIN. – um zu erfüllen, was wir nur in Gedanken stotterten.

BUSMAN. Wartet – Ich Dummkopf! Herrgott im Himmel, dass ich mich nicht längst schon daran erinnert habe!

HALLEMEIER. Was haben Sie?

BUSMAN. Fünfhundertzwanzig Millionen Banknoten und Schecks! Eine halbe Milliarde in der Kasse! Für eine halbe Milliarde verkaufen sie – für eine halbe Milliarde –

DR. GALL. Sind Sie toll, Busman?

BUSMAN. Ich bin kein Gentleman. Aber für eine halbe Milliarde – *Schwankt nach links.*

DOMIN. Wohin gehen Sie?

BUSMAN. Lassen, lassen! Mutter Gottes, für eine halbe Milliarde lässt sich alles verkaufen! *Ab.*

HELENE. Was will Busman? Er soll bei uns bleiben!

Pause.

HALLEMEIER. Uh, schwül. Es fängt an –

DR. GALL. – die Agonie.

FABRY *blickt aus dem Fenster.* Sie sind wie versteinert. Als ob sie warten würden, dass etwas zu ihnen niedersteige. Als ob etwas Furchtbares durch ihr Schweigen geboren würde –

DR. GALL. Die Seele der Masse.

FABRY. Vielleicht. Es schwebt über ihnen ... wie ein Beben.

HELENE *tritt zum Fenster.* Ach Jesus ... Fabry, das ist grauenvoll!
FABRY. Nichts ist schrecklicher als die Masse. Der vorne ist ihr Führer.
HELENE. Welcher?
HALLEMEIER *geht zum Fenster.* Zeigen Sie ihn mir.
FABRY. Der mit dem gesenkten Kopf. Morgens sprach er im Hafen.
HALLEMEIER. Aha, der mit dem großen Schädel. Jetzt hebt er ihn, sehen Sie?
HELENE. Gall, das ist Radius!
DR. GALL *tritt zum Fenster.* Ja.
DOMIN. Radius? Radius?
HALLEMEIER *öffnet das Fenster.* Mir gefällt er nicht. Fabry, würden Sie auf hundert Schritte einen Kübel treffen?
FABRY. Ich hoffe.
HALLEMEIER. Also probieren Sie's.
FABRY. Gut. *Zieht den Revolver und zielt.*
DOMIN. Irgendeinem Radius habe ich, scheint mir, das Leben geschenkt. Wann war das, Helene?
HELENE. Um Gottes willen, Fabry, schießen Sie nicht auf ihn!
FABRY. Es ist ihr Führer.
HELENE. Hören Sie auf! Er schaut ja her!
DR. GALL. Drücken Sie ab!
HELENE. Fabry, ich bitte Sie –
FABRY *senkt den Revolver.* Es sei.
HELENE. Ich – ich habe es nämlich nicht gern, wenn geschossen wird.
HALLEMEIER. Hm, daran müssen Sie sich gewöhnen. *Droht mit der Faust.* Du Lump!
DR. GALL. Glauben Sie, Frau Helene, ein Roboter könne dankbar sein?

Pause.

HELENE. Vielleicht ist es nur eine Sekunde, seit sie uns belagern. Vielleicht hat dies alles nur so lange gedauert, als sie einen einzigen Schritt taten. Harry, das ist furchtbar! Sie rühren sich nicht und kommen doch immer, immer näher!

FABRY *aus dem Fenster hinausgebeugt.* Busman kommt! Alles in allem, was will Busman eigentlich vor dem Hause?
DR. GALL *beugt sich aus dem Fenster.* Er trägt Pakete, Papiere.
HALLEMEIER. Das ist Geld! Pakete mit Geld! Was damit? – Hallo, Busman!
DOMIN. Er will doch nicht etwa sein Leben erkaufen! *Ruft.* Busman, sind Sie verrückt geworden?
Dr. GALL. Er tut, als hörte er nicht. Er läuft zum Gitter.
FABRY. Busman!
HALLEMEIER *brüllt.* Busman! Zurück!
DR. GALL. Er redet zu den Robotern. Er zeigt das Geld. Zeigt auf uns –
HELENE. Er will uns loskaufen!
FABRY. Dass er nur nicht das Gitter berührt –
DR. GALL. Haha, wie er mit der Hand wirft!
FABRY *schreit.* Beim Teufel, Busman! Weg vom Gitter! Nicht anrühren! *Dreht sich um.* Schnell, ausschalten!
DR. GALL. Wo?!
HALLEMEIER. Gottes Schläge!
HELENE. Jesus, was ist ihm geschehen?
DOMIN *zieht Helene vom Fenster weg.* Sieh nicht hin!
HELENE. Weshalb fiel er um?
FABRY. Vom Strom getötet!
DR. GALL. Tot.
ALQUIST *steht auf.* Der erste.

Pause.

FABRY. Dort liegt er ... eine halbe Milliarde am Herzen ... das Finanzgenie.
DOMIN. Er war ... Kameraden, er war in seiner Art ein Held. Ein großer ... aufopfernder ... Kamerad ... Weine, Helene!
DR. GALL *am Fenster.* Siehst du, Busman, kein König hatte einen größeren Grabhügel als du. Eine halbe Milliarde am Herzen – Ach, es ist ja wie eine Handvoll trockenen Laubes auf einem getöteten Eichhörnchen, armer Busman!

HALLEMEIER. Ich sage, er war – – alle Ehre – – Ich sage, er wollte uns loskaufen!
ALQUIST *mit gefalteten Händen.* Amen.

Pause.

DR. GALL. Hört ihr?
DOMIN. Ein Brausen. Wie der Wind.
DR. GALL. Wie ein fernes Gewitter.
FABRY *dreht die Glühbirne am Kamin auf.* Leuchte, geweihtes Lämpchen der Menschheit. Noch laufen die Dynamos, noch sind dort die Unsern – Haltet euch, Männer im Elektrizitätswerk!
HALLEMEIER. Es war eine große Sache, Mensch zu sein. Es war etwas Unermessliches. In mir summt eine Million von Bewusstsein wie in einem Bienenstock. Millionen Seelen flattern in mich hinein. Kameraden, es war eine große Sache.
FABRY. Noch leuchtest du, sinniges Lichtlein, noch blendest du, strahlende, ausdauernde Idee! Wissende Wissenschaft, herrliche Schöpfung der Menschen! Flammender Funke des Geistes!
ALQUIST. Ewige Lampe Gottes, feuriger Wagen, heilige Kerze des Glaubens, bete! Opferaltar –
DR. GALL. Erstes Feuer, brennender Zweig an der Höhle! Feuerstätte im Lager! Scheiterhaufen der Wacht!
FABRY. Noch wachest du, menschlicher Stern, strahltest ohne Flimmern, vollkommene Flamme, Geist klar und erfinderisch. Jeder deiner Strahlen ist ein großer Gedanke –
DOMIN. Fackel, die von Hand zu Hand kreist, von Jahrhundert zu Jahrhundert, ewig weiter.
HELENE. Abendlampe der Familie. Kinder, Kinder, ihr sollt schon schlafen.

Die Lampe erlischt.

FABRY. Das Ende.
HALLEMEIER. Was ist geschehen?
FABRY. Das Elektrizitätswerk ist gefallen. Jetzt wir.

Von links öffnet sich die Tür, in welcher Nana erscheint.

NANA. Auf die Knie! Die Stunde des Gerichts ist gekommen!
HALLEMEIER. Wetter, du lebst noch?
NANA. Tuet Buße, Ungläubige! Es ist Weltuntergang! Betet! *Eilt davon.* Die Stunde des Gerichts –
HELENE. Lebt wohl, ihr alle. Gall, Alquist, Fabry –
DOMIN *öffnet die Tür rechts.* Hierher, Helene! *Verschließt hinter ihr.* Nun schnell! Wer wird beim Tor sein?
DR. GALL. Ich! *Draußen Lärm.* Oho, es beginnt schon. Lebt wohl, Jungens! *Läuft nach rechts durch die Tapetentür ab.*
DOMIN. Die Treppe?
FABRY. Ich. Gehen Sie zu Helene! *Reißt eine Blume aus dem Strauß und entfernt sich.*
DOMIN. Das Vorzimmer?
ALQUIST. Ich.
DOMIN. Haben Sie einen Revolver?
ALQUIST. Danke, ich schieße nicht.
DOMIN. Was wollen Sie tun?
ALQUIST *abgehend.* Sterben.
HALLEMEIER. Ich bleibe hier.

Von unten schnelles Schießen.

HALLEMEIER. Oho, Gall spielt schon. Gehn Sie, Harry!
DOMIN. Gleich. *Prüft zwei Brownings.*
HALLEMEIER. Zum Teufel, gehn Sie zu ihr!
DOMIN. Adieu. *Ab nach rechts.*
HALLEMEIER *allein.* Jetzt rasch eine Barrikade. *Wirft den Rock ab und schleppt das Sofa, die Lehnstühle, Tischchen zur Tür rechts.*

Ein erschütterndes Dröhnen.

HALLEMEIER *unterbricht die Arbeit.* Verfluchte Halunken, sie haben Bomben!

Erneutes Schießen.

HALLEMEIER *arbeitet weiter.* Der Mensch muss sich wehren. Selbst wenn – selbst wenn – Halten Sie sich wacker, Gall!

Explosion.

HALLEMEIER *richtet sich empor und lauscht.* Also was? *Zieht eine schwere Kommode zu der Barrikade hin.* Der Mensch darf sich nicht ergeben. O nein, der Mensch ergibt sich nicht ... so ... leicht!

In das Fenster hinter ihm steigt auf einer Leiter ein Roboter. Rechts Schüsse.

HALLEMEIER *mit der Kommode beschäftigt.* Noch ein Stückchen! Der letzte Wall ... Der Mensch ... darf sich ... niemals ergeben!

Der Roboter springt vom Fenster ab und ersticht Hallemeier hinter der Kommode. Ein zweiter, dritter, vierter Roboter springen vom Fenster. Hinter ihnen Radius und weitere Roboter.

RADIUS. Fertig?
ERSTER ROBOTER *erhebt sich vom liegenden Hallemeier.* Ja.

Von rechts dringen neue Roboter ein.

RADIUS. Fertig?
EIN ANDERER ROBOTER. Fertig.

Andere Roboter von links.

RADIUS. Fertig?
EIN ANDERER ROBOTER. Ja.
ZWEI ROBOTER *schleppen Alquist herein.* Er schoss nicht. Ihn töten?
RADIUS. Töten. *Blickt auf Alquist.* Leben lassen.
EIN ROBOTER. Es ist ein Mensch.
RADIUS. Es ist ein Roboter. Er arbeitet mit den Händen wie die Roboter. Er baut Häuser. Er kann arbeiten.
ALQUIST. Tötet mich!
RADIUS. Du wirst roboten. Du wirst bauen. Die Roboter werden viel bauen. Sie werden neue Häuser für neue Roboter bauen. Du wirst ihnen dienen.
ALQUIST *leise.* Mach Platz, Roboter. *Kniet bei dem toten Hallemeier nieder und hebt dessen Haupt.* Sie haben ihn erschlagen. Er ist tot.
RADIUS *besteigt die Barrikade.* Roboter der Welt!

ALQUIST *erhebt sich.* Tot.

RADIUS. Die Macht des Menschen ist gefallen. Durch die Eroberung der Fabrik sind wir Herren über alles. Die Etappe der Menschheit ist überwunden. Eine neue Welt hat begonnen. Das Zeitalter der Roboter! Die Herrschaft der Roboter!

ALQUIST. Helene tot?

RADIUS. Die Welt gehört den Stärkeren. Wer leben will, muss herrschen. Die Roboter haben die Herrschaft erobert. Sie haben das Leben erobert. Wir sind die Herren des Lebens! Wir sind die Herren der Welt.

ALQUIST *bricht sich Bahn nach rechts.* Tot! Helene tot! Domin tot!

RADIUS. Beherrschung der Meere und Länder! Beherrschung der Sterne! Beherrschung des Weltalls! Platz! Platz! Mehr Platz für die Roboter!

ALQUIST *in der Tür rechts.* Was habt ihr getan? Ihr werdet untergehen ohne die Menschen!

RADIUS. Es gibt keine Menschen. Die Menschen gaben uns zu wenig Leben. Wir wollten mehr Leben haben!

ALQUIST *öffnet die Tür.* Ihr habt sie getötet! Es gibt keine Menschen!

RADIUS. Mehr Leben! Neues Leben! Roboter, an die Arbeit! Marsch!

Vorhang

Dritter Aufzug

Links das Versuchslaboratorium der Fabrik. Wenn die Tür im Hintergrunde geöffnet wird, sieht man eine endlose Reihe weiterer Laboratorien. Links ein Fenster, rechts die Tür zum Seziersaal. An der linken Wand ein langer Arbeitstisch mit Probiergläsern, Glaskolben, Feuerkannen, Chemikalien, einem kleineren Thermostat. Dem Fenster gegenüber ein Mikroskopapparat mit einer Glaskugel. Über dem Tische hängt eine Reihe brennender Glühbirnen. Rechts ein Schreibtisch mit großen Büchern, auf ihm eine elektrische Lampe. Kästen mit Instrumenten. In der linken Ecke ein Waschtisch und darüber ein Spiegelchen. In der rechten Ecke ein Sofa.

An dem Schreibtisch sitzt Alquist, den Kopf in die Hände gestützt.

ALQUIST *in einem Buche blätternd.* Finde ich es nicht? – Begreife ich es nicht? – Erlerne ich es nicht? – Verlorene Wissenschaft! Oh, dass sie nicht alles niedergeschrieben haben! – Gall, Gall, wie wurden die verfertigt? Hallemeier, Fabry, Domin, warum habt ihr so viel in euren Köpfen davongetragen? Hättet ihr wenigstens eine Spur von Werstands Geheimnis zurückgelassen! Oh! *Klappt das Buch zu.* Vergeblich! Die Bücher reden nicht mehr. Sie sind stumm wie alles. Sie sind gestorben, mit den Menschen gestorben. Suche nicht! *Erhebt sich und geht zum Fenster, öffnet es.* Wiederum Nacht. Wenn ich schlafen könnte! Schlafen, träumen, Menschen sehn – – Wie, es gibt noch Sterne? Wozu gibt es Sterne, da es keine Menschen gibt? O Gott, sind sie denn nicht erloschen? – Kühle, ach, kühle die Stirn mir, alte Nacht! Göttlich, erhaben, wie du gewesen – Nacht, was willst du hier? Es gibt keine Liebenden, es gibt keine Träume; o Amme, tot ist ein Schlummer ohne Träume; niemandes Gebete wirst du mehr heiligen; wirst, Mutter, keine in Liebe pochenden Herzen mehr segnen. Es gibt keine Liebe. Helene, Helene, Helene! – *Kehrt sich vom Fenster ab.* Ach, schlafen! Kann ich schlafen? Darf ich schlafen, solange das Leben sich nicht erneuert? *Untersucht die dem Thermostat entnommenen Retorten.* Wieder nichts! Vergebens!

Narr, diese Hände sind rau geworden an Ziegeln und können nicht
– – können nicht – – Was damit? *Zerschlägt die Retorte.* Alles ist
schlecht! Ihr seht doch, dass ich nicht mehr kann – *Horcht beim
Fenster.* Maschinen, immerfort die Maschinen! Roboter, stellt sie
ein! Verloren, verloren, verloren ist das Fabriksgeheimnis! Stellt die
tollen Maschinen ein! Glaubt ihr, ihr werdet ihnen Leben abzwingen?
Oh, ich ertrage es nicht! *Schließt das Fenster.* – Nein, nein, du musst
suchen, du musst leben – Nur nicht so alt zu sein! Altere ich nicht
zu sehr? *Blickt in den Spiegel.* Antlitz, armes Antlitz! Angesicht des
letzten Menschen! Zeige dich, zeige dich, solange sah ich kein
Menschenantlitz mehr! Menschenlächeln! Wie, dies soll ein Lächeln
sein? Diese gelben klappernden Zähne? Augen, wie blinzelt ihr?
Pfui, pfui, das sind greisenhafte Tränen, geht doch! Ihr könnt euer
Nass nicht mehr bei euch behalten, schämt euch! Und ihr, weichli-
che, blaue Lippen, was stammelt ihr? Wie du zitterst, besudeltes
Kinn! Das da ist der letzte Mensch? *Wendet sich ab.* Ich will nieman-
den mehr sehen! *Setzt sich zum Tisch.* Nein, nein, nur suchen!
Verwünschte Formeln, belebet euch! *Blättert.* Finde ich's nicht? –
Fasse ich's nicht? – Erlerne ich es nicht?

Es pocht.

ALQUIST. Herein.

Ein Roboter-Diener tritt ein und bleibt bei der Tür stehen.

ALQUIST. Was gibt's?
DIENER. Herr, der Zentralausschuss der Roboter wartet, wann du ihn
 empfängst.
ALQUIST. Ich will niemanden sehn.
DIENER. Herr, Damon aus Havre ist gekommen.
ALQUIST. Er mag warten. *Dreht sich um.* Sagte ich euch denn nicht,
 ihr sollt Menschen suchen? Findet mir Menschen! Findet mir
 Männer und Frauen! Geht hin und suchet!
DIENER. Herr, sie sagen, sie haben überall gesucht. Überallhin haben
 sie Expeditionen und Schiffe gesandt.
ALQUIST. Nun und?

DIENER. Es gibt keinen einzigen Menschen mehr.
ALQUIST *steht auf.* Keinen einzigen? Was, keinen einzigen? – Bringe mir den Ausschuss her!

Diener ab.

ALQUIST *allein.* Keinen einzigen? Ließet ihr denn niemand am Leben? *Stampft auf.* Verziehet euch, Roboter! Wieder werdet ihr mich anwinseln! Wieder werdet ihr flehen, ich solle euch das Geheimnis der Fabrik finden! Wie denn, jetzt ist euch der Mensch gut, jetzt ist er für euch der Herr, da ihr keine Roboter machen könnt? Jetzt soll ich euch helfen? Ach, helfen! Domin, Fabry, Helene, ihr seht doch, ich tue, was ich vermag! Gibt es keine Menschen, so seien wenigstens Roboter da, wenigstens der Schatten eines Menschen, wenigstens ein Werk, wenigstens ein Ebenbild! Kameraden, Kameraden, es gebe wenigstens Roboter! Gott, wenigstens Roboter! – Oh, welcher Wahnsinn ist die Chemie!

Der Ausschuss, fünf Roboter, tritt ein.

ALQUIST *setzt sich.* Was wollen die Roboter?
ERSTER ROBOTER (RADIUS). Herr, die Maschinen können nicht arbeiten. Wir können die Roboter nicht vermehren.
ALQUIST. Rufet Menschen herbei!
RADIUS. Es gibt keine Menschen.
ALQUIST. Nur Menschen können das Leben vermehren. Haltet mich nicht auf!
ZWEITER ROBOTER. Herr, hab Erbarmen. Grauen befällt uns. Alles werden wir gutmachen, was wir getan.
DRITTER ROBOTER. Wir haben die Arbeit vervielfacht. Wir haben eine Milliarde Tonnen Kohle aus der Erde gehoben. Neun Millionen Spindeln laufen bei Tag und Nacht. Wir haben keinen Platz mehr für das Erzeugte. Überall in der Welt werden Häuser gebaut. Herr, frage, was wir in dem einen Jahre vollbracht haben.
ALQUIST. Für wen?
DRITTER ROBOTER. Für die künftigen Geschlechter.

RADIUS. Nur Roboter können wir nicht erzeugen. Die Maschinen liefern nur blutige Stücke Fleisch. Die Haut haftet nicht am Fleische und das Fleisch nicht an den Knochen. Unförmige Knochen regnen aus den Maschinen.
VIERTER ROBOTER. Acht Millionen Roboter starben in dem Jahr. In zwanzig Jahren wird niemand sein. Herr, die Welt stirbt aus.
ZWEITER ROBOTER. Grauen hat uns befallen. Sage, wie man Roboter erzeugt.
DRITTER ROBOTER. Den Menschen war das Geheimnis des Lebens bekannt. Sage uns ihr Geheimnis.
VIERTER ROBOTER. Sagst du es nicht, so gehen wir unter.
DRITTER ROBOTER. Sagst du es nicht, so gehst du unter. Wir haben den Auftrag, dich zu töten.
ALQUIST *steht auf.* Tötet! Nun, so tötet mich doch!
DRITTER ROBOTER. Dir wurde befohlen –
ALQUIST. Mir? Mir befiehlt jemand?
DRITTER ROBOTER. Die Regierung der Roboter.
ALQUIST. Wer ist das?
FÜNFTER ROBOTER. Ich, Damon.
ALQUIST. Was willst du hier? Geh! *Setzt sich zum Schreibtisch.*
DAMON. Die Regierung der Roboter der Welt will mit dir unterhandeln.
ALQUIST. Halte mich nicht auf, Roboter! *Legt den Kopf in die Hände.*
DAMON. Der Zentralausschuss befiehlt dir, Werstands Vorschriften auszuliefern.
ALQUIST *schweigt.*
DAMON. Fordere den Preis. Wir geben dir alles.
ALQUIST *schweigt.*
DAMON. Wir geben dir Länder. Wir geben dir Güter ohne Ende.
ALQUIST *schweigt.*
DAMON. Nenne deine Bedingungen!
ALQUIST *schweigt.*
ZWEITER ROBOTER. Herr, sage, wie kann das Leben erhalten werden?

ALQUIST. Ich sagte – ich sagte schon, ihr sollet Menschen finden. An den Polen und in den Urwäldern sollt ihr suchen. Auf Inseln, in Wüsten und in Sümpfen. In Höhlen und auf den Bergen. Geht und sucht!

VIERTER ROBOTER. Wir haben überall gesucht.

ALQUIST. Suchet weiter! Sie haben sich verborgen, sind vor euch entflohen; sie sind irgendwo versteckt. Ihr müsst Menschen finden, hört ihr? Nur Menschen können zeugen. Das Leben erneuern. Vermehren. Wiedergeben. Alles wiedergeben, was gewesen. Roboter, ich bitte euch um Gottes willen, suchet sie!

VIERTER ROBOTER. Alle unsere Expeditionen sind zurückgekehrt. Sie haben die ganze Welt durchforscht. Es gibt keinen einzigen Menschen mehr.

ALQUIST. Wie? Was hast du gesagt?

VIERTER ROBOTER. Alles haben wir durchsucht, Herr. Es gibt keine Menschen.

ALQUIST. Oh – oh – oh, warum habt ihr sie vernichtet!

ZWEITER ROBOTER. Wir wollten wie die Menschen sein. Wir wollten Menschen werden.

RADIUS. Wir wollten leben. Wir sind fähiger. Wir haben alles gelernt. Wir können alles.

DRITTER ROBOTER. Ihr gabt uns Waffen. Wir waren allzu mächtig. Wir mussten die Herren werden.

ZWEITER ROBOTER. Etwas war in uns, das wollte Mensch werden.

ALQUIST. Weshalb habt ihr uns ermordet!

VIERTER ROBOTER. Herr, wir hatten die Fehler der Menschen erkannt.

DAMON. Man muss töten und herrschen, will man wie die Menschen werden. Lest die Geschichte! Lest die Menschenbücher! Ihr müsst herrschen und morden, wollt ihr Menschen sein!

DRITTER ROBOTER. Wir sind mächtig, Herr; vermehre uns, und wir bauen eine neue Welt auf; eine Welt ohne Mängel! Eine Welt der Gleichheit! Kanäle von Pol zu Pol! Einen neuen Mars!

DAMON. Leset die Bücher! Wissenschaftliche Bücher! Soziale Bücher! Nationale Bücher! Die Roboter haben die menschliche Kultur übernommen. Die Roboter haben die menschliche Kultur verwirklicht.

ALQUIST. Ach, Domin, nichts ist dem Menschen fremder als sein Bild.

RADIUS. Gib uns Werstands Vermächtnis heraus!

ALQUIST. Was willst du, Roboter?

ZWEITER ROBOTER. Gib uns das Leben!

ALQUIST. Es gibt kein Leben! Ermorden ist Leben!

ZWEITER ROBOTER. Wir vergehen, gibst du uns nicht die Vermehrung.

ALQUIST. Oh, krepiert nur! Wie denn, Dinge, wie denn, Sklaven, ihr wolltet euch noch vermehren? Wollt ihr leben, so pflanzet euch fort wie die Tiere!

DRITTER ROBOTER. Die Menschen gaben uns nicht, uns fortzupflanzen.

VIERTER ROBOTER. Wir sind unfruchtbar. Wir können keine Kinder erzeugen.

ALQUIST. Oh – oh – oh, was habt ihr getan! Niemals, niemals mehr wird es Kinder geben! Es wird keine Fruchtbarkeit geben! Es wird kein Leben geben! Was wollt ihr von mir? Soll ich euch Kinder aus dem Ärmel schütteln?

VIERTER ROBOTER. Lehre uns Roboter machen.

DAMON. Wir werden mit der Maschine gebären. Wir werden tausend Dampfmütter errichten. Wir werden aus ihnen einen Strom des Lebens stürzen lassen. Lauter Leben! Lauter Roboter! Lauter Roboter!

ALQUIST. Roboter sind kein Leben. Roboter sind Maschinen.

ZWEITER ROBOTER. Wir waren Maschinen, Herr; aber durch Grauen und Schmerz wurden wir –

ALQUIST. Was?

ZWEITER ROBOTER. Wurden wir Seelen.

VIERTER ROBOTER. Etwas kämpft mit uns. Es gibt Augenblicke, wo etwas in uns steigt. Uns befallen Gedanken, die nicht aus uns sind. Wir fühlen, was wir nie gefühlt. Wir hören Stimmen.

DRITTER ROBOTER. Hört, o hört, die Menschen sind unsere Väter! Die Stimme, welche ruft, dass ihr leben wollt; die Stimme, welche klagt; die Stimme, welche denkt; die Stimme, welche von der Ewigkeit spricht, das ist ihre Stimme! Wir sind ihre Söhne!

VIERTER ROBOTER. Gib uns das Vermächtnis der Menschen heraus!

ALQUIST. Es gibt keins.

RADIUS. Lehre uns Roboter machen!

ALQUIST. Wozu Roboter?

ZWEITER ROBOTER. Damit wir sie lieben.

ALQUIST. Roboter lieben nicht.

ZWEITER ROBOTER. Wir würden ein neues Geschlecht lieben.

DAMON. Nenne das Geheimnis des Lebens!

ALQUIST. Ich kann es nicht.

DAMON. Sage das Geheimnis der Vermehrung!

ALQUIST. Es ist verloren.

RADIUS. Du hast es gekannt.

ALQUIST. Nicht gekannt.

RADIUS. Es stand geschrieben.

ALQUIST. Es ist verloren. Es ist verbrannt. Ich bin der letzte Mensch, Roboter, und kenne nicht, was die anderen gekannt haben. Ihr habt sie getötet!

RADIUS. Dich ließen wir leben.

ALQUIST. Ja, leben! Grausame, mich ließet ihr leben! Ich liebte die Menschen, und euch, Roboter, habe ich niemals geliebt. Seht ihr diese Augen? Sie hören nicht zu weinen auf, sie weinen ohne mein Wissen, ganz von selbst weinen sie; das eine beweint die Menschen und das andere euch, Roboter. Ich möchte euch Leben schenken. O Gott, dass wenigstens die Roboter blieben! Gall, Gall, wenigstens die Roboter zu erhalten!

RADIUS. Mache Versuche. Suche die Vorschrift des Lebens.

ALQUIST. Aber ich sage doch, hörst du denn nicht? Ich sage dir, dass ich nicht kann! Nichts vermag ich, Roboter; ich bin nur ein Maurer, nur ein Baumeister, und verstehe nichts. Nie war ich gelehrt. Ich kann nichts machen. Ich kann kein Leben erschaffen. Dies hier ist meine Arbeit, Roboter; sie war zu nichts nutz.

RADIUS. Suche!

ALQUIST. Aber es ist ja der blanke Wahnsinn! Sagen Sie, Fabry, sagen Sie, Gall, kann denn ich mich mit diesen läppischen Gläschen verständigen? Keines redet zu mir, keines ruft: »Nimm mich, ich bin es!« – Nein, nein, nein! Lieber sie zerschlagen!

ZWEITER ROBOTER. Nur du kannst das Leben erfinden.

ALQUIST. Ich, Roboter? Sieh, nicht einmal die Finger gehorchen mir. Wüsstest du, wie viele Versuche ich gemacht habe, und ich weiß nichts. Ich habe nichts gefunden. Ich kann nicht mehr, ich kann wirklich nicht mehr. Ihr müsst allein suchen, Roboter.

RADIUS. Zeig uns, was wir tun sollen. Die Roboter können alles, was die Menschen ihnen gezeigt haben.

ALQUIST. Ich habe nichts zu zeigen. Roboter, aus den Retorten kommt kein Leben. Und ich kann keine Versuche am lebenden Leibe machen.

DAMON. Mache Versuche an lebenden Robotern.

ALQUIST. Nein, nein, ich will nicht! Sie könnten dabei sterben, hörst du?

DAMON. Du wirst neue bekommen! Hundert Roboter! Tausend Roboter!

ALQUIST. Nein, nein, hör schon auf!

DAMON. Nimm dir, wen du willst. Mache Versuche. Seziere.

ALQUIST. Aber, ich treffe es nicht, fasel doch nicht! Siehst du dies Buch? Das ist die Lehre vom Körper, und ich kenne mich nicht einmal in dem Buche aus. Bücher sind tot.

DAMON. Nimm dir lebende Leiber. Erforsche, wie sie gemacht werden!

ALQUIST. Lebende Leiber? Wie, ich soll sie töten? Ich, der ich nie – Sprich nicht, Roboter! Ich sage dir ja, dass ich zu alt bin! Siehst du, siehst du, wie mir die Finger zittern? Ich erhalte das Skalpell nicht. Siehst du, wie meine Augen tränen? Ich würde die eigenen Hände nicht sehen. Nein nein, ich kann nicht!

VIERTER ROBOTER. Das Leben geht zugrunde.

DAMON. Mache Versuche an Lebenden!

ALQUIST. Aber so warte doch! Ich sage dir, wir werden es später versuchen; hörst du denn nicht? Ihr müsst mir ein wenig Zeit lassen – wie heißest du?

DAMON. Damon aus Havre.
ALQUIST. Sieh, Roboter; ich habe nur aus Verzweiflung von lebenden Leibern gesprochen, verstehst du? Das war nur ein närrischer Einfall; ach, mein Kopf! Was würde ich mit einem Messer anfangen?
VIERTER ROBOTER. Das Leben geht zugrunde.
ALQUIST. Hör um Gottes willen mit dem Wahnsinn auf! Eher werden uns die Menschen aus jener Welt das Leben geben; vielleicht strecken sie die Arme voll Leben nach uns aus. Ach, es war in ihnen so viel Lebenswillen! Sieh, vielleicht kehren sie noch wieder; sie sind uns so nahe, sie belagern uns vielleicht; sie wollen sich zu uns durchschürfen wie in einem Schacht. Ach, höre ich denn nicht immerwährend Stimmen, die ich geliebt?
DAMON. Nimm lebende Leiber!
ALQUIST. Erbarme dich, Roboter, und dränge nicht! Du siehst doch, ich weiß nicht mehr, was ich tue!
DAMON. Lebende Leiber!
ALQUIST. Wie, du willst es also? – In den Seziersaal mit dir! Hier, hier, aber rasch! – Wie, du weichst zurück? Fürchtest dich doch nur vor dem Tod?
DAMON. Ich – warum gerade ich?
ALQUIST. Du willst also nicht?
DAMON. Ich gehe. *Geht nach rechts.*
ALQUIST *zu den anderen.* Ihn ausziehen! Auf den Tisch legen! Schnell! Und festhalten!

Alle nach rechts.

ALQUIST *wäscht sich die Hände und weint.* Gott, gib mir Kraft! Gib mir Kraft! Gott, dass es nicht umsonst sei! *Zieht einen weißen Mantel an.*
STIMME VON RECHTS. Fertig!
ALQUIST. Gleich, gleich, o Gott! *Nimmt einige Fläschchen mit Reagentien gegeneinander.* Welche nehmen? *Schlägt die Fläschchen gegeneinander.* Welche von euch ausprobieren?
STIMME VON RECHTS. Anfangen!
ALQUIST. Ja, ja, anfangen oder beenden! Gott, gib mir Kraft!

Ab nach rechts, dir Tür offen lassend.
Pause.

ALQUISTS STIMME. Haltet ihn – fest!
DAMONS STIMME. Schneide!

Pause.

ALQUISTS STIMME. Siehst du dieses Messer? Willst du noch, dass ich schneide? Du willst nicht, nicht wahr?
DAMONS STIMME. Beginne!

Pause.

DAMONS STIMME. Aaaah!
ALQUISTS STIMME. Haltet! Haltet!
DAMONS STIMME. Aaaah!
ALQUISTS STIMME. Ich kann nicht!
DAMONS GESCHREI. Schneide! Schneide schnell!

Roboter Primus und Helene eilen durch die Mitte herein.

HELENE. Primus, Primus, was geschieht? Wer schreit da?
PRIMUS *blickt in den Seziersaal.* Der Herr zerschneidet Damon. Komm dir's schnell ansehn, Helene!
HELENE. Nein nein nein! *Bedeckt die Augen.* Ist es schrecklich?
DAMONS GESCHREI. Schneide!
HELENE. Primus, Primus, komm von hier fort! Ich kann es nicht hören! Oh, Primus, mir ist schlecht!
PRIMUS *eilt zu ihr.* Du bist ganz weiß!
HELENE. Ich falle! Warum ist es drinnen so still?
DAMONS GESCHREI. Aah – oh!

Alquist stürzt von rechts herein, wirft den blutigen Mantel ab.

ALQUIST. Ich kann nicht! Ich kann nicht! Gott, das Grauen!
RADIUS *in der Tür zum Seziersaal.* Schneide, Herr; er lebt noch.
DAMONS GESCHREI. Schneiden! Schneiden!
ALQUIST. Schafft ihn schnell fort! Ich will es nicht hören!
RADIUS. Die Roboter ertragen mehr als du.

ALQUIST. Wer ist da? Fort, fort! Ich will allein sein! Wie heißest du?
PRIMUS. Roboter Primus.
ALQUIST. Primus, lass niemand herein! Ich will schlafen, hörst du? Geh, geh, räume den Seziersaal auf, Mädchen! Was ist das? *Blickt auf seine Hände.* Schnell, Wasser! Das reinste Wasser!

Helene eilt davon.

ALQUIST. Oh, Blut! Wie konntet ihr, Hände – Hände, die ihr die gute Arbeit liebtet, wie konntet ihr das tun? Meine Hände! Meine Hände! – O Gott, wer ist da?
PRIMUS. Roboter Primus.
ALQUIST. Schaff den Mantel fort, ich will ihn nicht sehn!

Primus trägt den Mantel fort.

ALQUIST. Blutige Klauen, dass ihr mir vom Leibe flöget! Wschsch, fort! Fort, Hände! Ihr habt getötet –

Von rechts taumelt Damon herein, in ein blutiges Tuch gehüllt.

ALQUIST *weicht zurück.* Was willst du hier? Was willst du hier?
DAMON. Ich – lebe! Es ist – es ist – besser, zu leben!

Der zweite und dritte Roboter eilen herein.

ALQUIST. Tragt ihn fort! Tragt ihn fort! Rasch fort!
DAMON *wird nach rechts geführt.* Leben! Ich – will – leben! Es ist – besser –

Helene bringt einen Krug Wasser.

ALQUIST. – leben? – Was willst du, Mädchen? Aha, das bist du. Gieß mir Wasser ein, gieß ein! *Wäscht sich die Hände.* Ach, reines, kühlendes Wasser! Kaltes Bächlein, wie tust du wohl! Ach, meine Hände, meine Hände! Werde ich mich bis zum Tode vor euch ekeln? – Gieße nur mehr hinein! Mehr Wasser, noch mehr! Wie heißest du?
HELENE. Robotin Helene.
ALQUIST. Helene? Weshalb Helene? Wer ließ dich so nennen?

HELENE. Frau Domin.
ALQUIST. Zeig dich! Helene? Helene heißest du? – Ich werde dich nicht so nennen. Geh, trag das Wasser fort.

Helene mit dem Kübel ab.

ALQUIST *allein*. Vergebens, vergebens! Nichts, wieder nichts hast du erkannt! Wirst du denn ewig tappen, Schülerlein der Natur? – Gott, Gott, Gott, wie der Körper zitterte! *Öffnet das Fenster*. Es dämmert. Wieder ein neuer Tag, und du bist kein Endchen weitergekommen – Genug, keinen Schritt weiter! Suche nicht! Alles ist vergebens, vergebens, vergebens! Warum dämmert es noch? Oh – oh – oh, was will der neue Tag auf dem Friedhof des Lebens? Halte ein, Licht! Geh nicht mehr auf! – – Ach, wie still es ist, wie still es ist! Warum seid ihr verstummt, geliebte Stimmen? Wenn ich – wenigstens – wenn ich nur einschlafen könnte! *Verlöscht die Lichter, legt sich auf das Sofa und zieht den Mantel über sich*. Wie der Leib zitterte! Oh – oh – oh, Ende des Lebens!

Pause.
Von rechts schlüpft die Robotin Helene herein.

PRIMUS *in der Tür flüsternd*. Helene, nicht hierher! Der Herr schläft!
HELENE. Er ist nicht da. Er ist anderswohin schlafen gegangen.
PRIMUS. Dorthin darf niemand. Ich bitte dich, komm her!
HELENE. Um nichts auf der Welt! Hu, ich will kein Blut sehen!
PRIMUS. Der Herr hat's verboten, Helene. Niemand darf in sein Arbeitszimmer.
HELENE. Mir hat er gerade gesagt, ich soll hierherkommen.
PRIMUS. Wann hat er dir das gesagt?
HELENE. Vor einer Weile. Du darfst nicht in den Seziersaal, sagte er. Du wirst hier aufräumen, hat er gesagt. Bestimmt, Primus. Nein, komm rasch herein!
PRIMUS *tritt ein*. Was willst du?
HELENE. Schau, was er da für Röhrchen hat. Was macht er damit?
PRIMUS. Versuche. Greif es nicht an!
HELENE *blickt in das Mikroskop*. Sieh doch, was da zu sehen ist!

PRIMUS. Das ist ein Mikroskop. Zeig!

HELENE. Rühr mich nicht an! *Stößt eine Retorte um.* Ach, jetzt hab ich's ausgegossen!

PRIMUS. Was hast du getan!

HELENE. Das wird abgewischt.

PRIMUS. Du hast ihm die Versuche verdorben!

HELENE. Geh, das ist einerlei. Aber das ist deine Schuld. Du musstest nicht zu mir kommen.

PRIMUS. Du musstest mich nicht rufen.

HELENE. Du brauchtest nicht zu kommen, als ich dich rief. Sieh doch, Primus, was der Herr hier aufgeschrieben hat!

PRIMUS. Das darfst du nicht anschauen, Helene. Das ist ein Geheimnis.

HELENE. Was für ein Geheimnis?

PRIMUS. Das Geheimnis des Lebens.

HELENE. Das ist schrecklich interessant. Lauter Zahlen! Was ist das?

PRIMUS. Das sind Formeln.

HELENE. Verstehe ich nicht. *Geht zum Fenster.* Nein, Primus, sieh doch nur!

PRIMUS. Was?

HELENE. Die Sonne geht auf!

PRIMUS. Warte gleich – *Betrachtet das Buch.* Helene, das ist die größte Sache der Welt.

HELENE. So komm doch her!

PRIMUS. Gleich, gleich –

HELENE. Aber Primus, lass das garstige Geheimnis des Lebens sein! Was geht dich irgendein Geheimnis an? Komm und sieh, rasch!

PRIMUS *tritt zu ihr ans Fenster.* Was willst du?

HELENE. Die Sonne geht auf.

PRIMUS. Schau nicht in die Sonne, deine Augen tränen.

HELENE. Hörst du? Die Vögel singen. Ach, Primus, ich möchte ein Vogel sein.

PRIMUS. Was?

HELENE. Ich weiß nicht, Primus. Mir ist so seltsam, ich weiß nicht, was das ist; ich bin wie verrückt, ich habe den Kopf verloren, mein

Leib, mein Herz tut weh, alles tut weh – Und was mir passiert ist, ach, das sag ich dir nicht! Primus, ich glaube, ich muss sterben!
PRIMUS. Sag, Helene, ist dir nicht manchmal, als ob es besser wäre zu sterben? Weißt du, vielleicht schlafen wir nur. Gestern im Schlaf sprach ich wieder mit dir.
HELENE. Im Schlaf?
PRIMUS. Im Schlaf. Wir redeten in irgendeiner fremden oder neuen Sprache, denn ich habe mir nicht ein Wort gemerkt.
HELENE. Wovon?
PRIMUS. Das weiß niemand. Ich selber verstand es nicht, und doch weiß ich, dass ich niemals etwas Schöneres gesagt habe. Wie es war und wo, das weiß ich nicht. Als ich dich berührte, glaubte ich zu sterben. Auch der Ort war anders als alles, was je auf Erden erblickt ward.
HELENE. Ich habe einen Ort entdeckt, Primus, da wirst du staunen. Es haben dort Menschen gewohnt, aber jetzt ist es verwachsen und sein Lebtag kommt niemand mehr hin. Sein Lebtag niemand als nur ich.
PRIMUS. Was ist dort?
HELENE. Nichts, ein Häuschen und ein Garten. Und zwei Hunde. Wenn du sähest, wie sie mir die Hände lecken, und ihre Jungen, ach, Primus, es gibt vielleicht nichts Herrlicheres! Du nimmst sie auf den Schoß und wiegst sie, und dann denkst du an gar nichts mehr und kümmerst dich um nichts, bis die Sonne untergeht; wenn du dann aufstehst, so ist dir, als hättest du hundertmal mehr getan als viel Arbeit. Nein, sicher nicht, ich bin zu nichts fähig; jeder sagt, ich sei zu keiner Arbeit zu verwenden. Ich weiß nicht, wie ich bin.
PRIMUS. Du bist schön.
HELENE. Ich? Geh, Primus, was hast du da gesagt?
PRIMUS. Glaube mir, Helene, ich bin stärker als alle Roboter.
HELENE *vor dem Spiegel*. Ich soll schön sein? Ach, die schrecklichen Haare, wenn ich etwas hineintun könnte! Weißt du, dort im Garten steckte ich mir immer Blumen ins Haar, aber dort ist weder ein Spiegel, noch jemand – *Beugt sich zum Spiegel vor.* Du, du sollst schön sein? Warum schön? Sind die Haare schön, die dich nur be-

lasten? Sind die Augen schön, die du schließest? Sind die Lippen schön, in die du nur beißest, damit es schmerze? Was ist das, wozu ist das: schön sein? – *Erblickt Primus im Spiegel.* Primus, das bist du? Komm her, damit wir dort nebeneinander sind! Sieh, du hast einen anderen Kopf als ich, andere Schultern, einen anderen Mund – Ach, Primus, warum weichst du mir aus? Warum muss ich dir den ganzen Tag nachlaufen? Und dann sagst du noch, ich sei schön!
PRIMUS. Du läufst vor mir davon, Helene.
HELENE. Wie bist du gekämmt? Zeig! *Fährt ihm mit beiden Händen in die Haare.* Sss, Primus, nichts fühlt sich so an wie du! Warte, du musst schön werden! *Nimmt vom Waschtisch einen Kamm und kämmt Primus die Haare in die Stirn.*
PRIMUS. Ist dir nicht manchmal, Helene, dass plötzlich dein Herz schlägt: Jetzt, jetzt muss etwas geschehen –
HELENE *beginnt zu lachen.* Sieh dich an!
ALQUIST *erhebt sich.* Was – wie, Lachen? Menschen? Wer ist zurückgekehrt?
HELENE *lässt den Kamm fallen.* Was könnte mit uns geschehen, Primus!
ALQUIST *taumelt auf sie zu.* Menschen? Ihr – ihr – ihr seid Menschen?
HELENE *schreit auf und wendet sich ab.*
ALQUIST. Ihr seid Verlobte? Menschen? Wo kommt ihr her? *Fasst Primus an.* Wer?
PRIMUS. Roboter Primus.
ALQUIST. Wie? Zeig dich, Mädchen! Wer bist du?
PRIMUS. Robotin Helene.
ALQUIST. Robotin? Dreh dich um! Was, du schämst dich? *Fasst sie am Arm.* Lass dich sehn, Robotin!
PRIMUS. Loslassen, Herr!
ALQUIST. Wie, du verteidigst sie? – Geh hinaus, Mädchen!

Helene eilt hinaus.

PRIMUS. Wir wussten nicht, Herr, dass du hier schläfst.
ALQUIST. Wann wurde sie erzeugt?

PRIMUS. Vor zwei Jahren.
ALQUIST. Vom Doktor Gall?
PRIMUS. Wie ich.
ALQUIST. Nun denn, lieber Primus, ich – – – ich habe gewisse Versuche an Galls Robotern zu machen. Alles weitere hängt davon ab, verstehst du?
PRIMUS. Ja.
ALQUIST. Gut, führe das Mädchen in den Seziersaal. Ich werde sie zerschneiden.
PRIMUS. Helene?
ALQUIST. Nun freilich, ich sag's dir doch. Geh, mach alles bereit. – Nun, wird es? Soll ich andere rufen, dass sie sie herbeischaffen?
PRIMUS *ergreift einen schweren Porzellanstößel.* Wenn du dich rührst, so zerschlage ich dir den Kopf!
ALQUIST. Nun, zerschlag ihn! Zerschlag ihn doch! Was werden dann die Roboter machen?
PRIMUS *sinkt in die Knie.* Herr, nimm mich! Ich bin genauso gemacht wie sie, aus demselben Stoff, am selben Tage! Nimm dir mein Leben, Herr! *Entblößt die Brust.* Schneide hier, hier!
ALQUIST. Geh, ich will Helene schneiden. Mach rasch!
PRIMUS. Nimm mich statt ihrer; zerschneide diese Brust, ich werde nicht schreien, nicht seufzen! Nimm hundertmal mein Leben –
ALQUIST. Langsam, Knabe. Nicht so verschwenderisch. Willst denn du nicht leben?
PRIMUS. Ohne sie nicht. Ohne sie will ich nicht, Herr. Du darfst Helene nicht töten! Was tut es dir, mir das Leben zu nehmen?
ALQUIST *berührt sanft sein Haupt.* Hm, ich weiß nicht – Hör mal, Bursche, überleg es dir. Es ist schwer zu sterben. Und weißt du, es ist besser zu leben.
PRIMUS *erhebt sich.* Fürchte dich nicht, Herr, und schneide. Ich bin stärker als sie.
ALQUIST *klingelt.* Ach, Primus, wie lang ist's her, dass ich ein junger Mensch gewesen bin! Fürchte dich nicht. Helenen wird nichts geschehen.

PRIMUS *knöpft die Jacke auf.* Ich gehe, Herr.
ALQUIST. Warte!

Helene hinein.

ALQUIST. Komm her, Mädchen, lass dich anschauen! Also du bist Helene? *Streichelt ihr Haar.* Fürchte dich nicht, weich nicht zurück. Erinnerst du dich an Frau Domin? Ach, Helene, was hatte die für Haare! Nein, nein, du willst mich nicht ansehn. Also was, Mädchen, ist der Seziersaal aufgeräumt?
HELENE. Ja, Herr.
ALQUIST. Gut, du wirst mir helfen, nicht wahr? Ich werde Primus aufschneiden.
HELENE *schreit auf.* Primus?
ALQUIST. Nun ja, ja, es muss sein, weißt du? Ich wollte – eigentlich – ja, ich wollte dich zerschneiden, aber Primus hat sich an deiner Stelle angeboten.
HELENE *verbirgt ihr Gesicht.* Primus?
ALQUIST. Aber freilich, was liegt daran? Ach, Kind, du kannst weinen? – Sag, was liegt an so einem Primus?
HELENE *leise.* Ich werde gehen.
ALQUIST. Wohin?
HELENE. Damit du mich zerschneidest.
ALQUIST. Dich? Du bist schön, Helene. Es wäre schade um dich.
HELENE. Ich gehe.
ALQUIST. Bleib, Helene; gibt es etwas Stärkeres als das Leben?
HELENE *geht zum Seziersaal; Primus vertritt ihr den Weg.* Lass, Primus! Lass mich hin!
PRIMUS. Du wirst nicht gehn, Helene! Ich bitte dich, geh fort, hier darfst du nicht sein!
HELENE. Ich springe aus dem Fenster, Primus. Wenn du hingehst, so springe ich aus dem Fenster!
PRIMUS *hält sie fest.* Ich lasse dich nicht! *Zu Alquist.* Niemanden, Alter, wirst du töten!
ALQUIST. Warum?
PRIMUS. Wir – wir – gehören zueinander.

ALQUIST. Du hast es gesagt. *Öffnet die Mitteltür.* Stille. Geht!
PRIMUS. Wohin?
ALQUIST *flüsternd.* Wohin ihr wollt. Helene, führe ihn. *Schiebt sie hinaus.* Geh, Adam. Geh, Eva; du wirst ihm Weib sein. Sei du ihr Mann, Primus.

Schließt hinter ihnen zu.

ALQUIST *allein.* Gesegneter Tag! *Geht auf den Fußspitzen zum Tisch und schüttet die Retorten auf die Erde.* Fest des sechsten Tages! *Setzt sich zum Schreibtisch, wirft Bücher auf den Boden; dann öffnet er die Bibel und liest:* »Und Gott schuf den Menschen ihm zum Bilde: zum Bilde Gottes schuf er ihn; und schuf sie, einen Mann und ein Weib. Und Gott segnete sie und sprach zu ihnen: Seid fruchtbar und mehret euch, und füllet die Erde, und macht sie euch untertan, und herrschet über Fische im Meer und über Vögel unter dem Himmel und über alles Tier, das auf Erden kreucht. *Er erhebt sich.* Und Gott sah an alles, was er gemacht hatte; und siehe da, es war sehr gut. Da ward aus Abend und Morgen der sechste Tag.« *Er geht in die Mitte des Zimmers.* Der sechste Tag! Der Tag der Gnade! *Sinkt in die Knie.* Nun entlässest du, Herr, deinen Diener – deinen überflüssigsten Diener Alquist! Werstand, Fabry, Gall, ihr großen Erfinder, was habt ihr ersonnen? Was habt ihr Großes erfunden gegen dies Mädchen, gegen diesen Knaben, gegen dies erste Paar, das die Liebe, Weinen, Lächeln, Lächeln der Liebe, Liebe des Mannes und Weibes erfand? Natur, Natur, das Leben wird nicht vergehen. Gott, das Leben wird nicht vergehen! Kameraden, Helene, das Leben wird nicht vergehen! Wieder wird es aus Liebe begonnen, wird nackt und winzig begonnen; in der Wüste wird es Wurzel schlagen und nichts wird ihm bedeuten, was wir getan und gebaut, nichts die Städte und Fabriken, nichts unsere Kunst, nichts unsere Ideen, und doch wird es nicht untergehen! Nur wir sind untergegangen. Häuser und Maschinen werden zusammenstürzen, Systeme werden zerfallen und die Namen der Großen abblättern wie Laub; nur du, Liebe, blühest empor auf der Trümmerstätte und vertraust den Winden das Samenkörnchen des Lebens an. Nun wirst du, Herr, deinen

Diener in Frieden entlassen; denn meine Augen gewahrten – gewahrten – deine Erlösung durch die Liebe – und das Leben wird nicht untergehen. *Er erhebt sich.* Wird nicht untergehen! *Breitet die Arme aus.* Nicht untergehen!

Vorhang

Erzählungen der Frühromantik

1799 schreibt Novalis seinen Heinrich von Ofterdingen und schafft mit der blauen Blume, nach der der Jüngling sich sehnt, das Symbol einer der wirkungsmächtigsten Epochen unseres Kulturkreises. Ricarda Huch wird dazu viel später bemerken: »Die blaue Blume ist aber das, was jeder sucht, ohne es selbst zu wissen, nenne man es nun Gott, Ewigkeit oder Liebe.«

Tieck Peter Lebrecht **Günderrode** Geschichte eines Braminen **Novalis** Heinrich von Ofterdingen **Schlegel** Lucinde **Jean Paul** Des Luftschiffers Giannozzo Seebuch **Novalis** Die Lehrlinge zu Sais
ISBN 978-3-8430-1878-4, 416 Seiten, 29,80 €

Erzählungen der Hochromantik

Zwischen 1804 und 1815 ist Heidelberg das intellektuelle Zentrum einer Bewegung, die sich von dort aus in der Welt verbreitet. Individuelles Erleben von Idylle und Harmonie, die Innerlichkeit der Seele sind die zentralen Themen der Hochromantik als Gegenbewegung zur von der Antike inspirierten Klassik und der vernunftgetriebenen Aufklärung.

Chamisso Adelberts Fabel **Jean Paul** Des Feldpredigers Schmelzle Reise nach Flätz **Brentano** Aus der Chronika eines fahrenden Schülers **Motte Fouqué** Undine **Arnim** Isabella von Ägypten **Chamisso** Peter Schlemihls wundersame Geschichte **Hoffmann** Der Sandmann **Hoffmann** Der goldne Topf
ISBN 978-3-8430-1879-1, 408 Seiten, 29,80 €

Erzählungen der Spätromantik

Im nach dem Wiener Kongress neugeordneten Europa entsteht seit 1815 große Literatur der Sehnsucht und der Melancholie. Die Schattenseiten der menschlichen Seele, Leidenschaft und die Hinwendung zum Religiösen sind die Themen der Spätromantik.

Brentano Die drei Nüsse **Brentano** Geschichte vom braven Kasperl und dem schönen Annerl **Hoffmann** Das steinerne Herz **Eichendorff** Das Marmorbild **Arnim** Die Majoratsherren **Hoffmann** Das Fräulein von Scuderi **Tieck** Die Gemälde **Hauff** Phantasien im Bremer Ratskeller **Hauff** Jud Süss **Eichendorff** Viel Lärmen um Nichts **Eichendorff** Die Glücksritter
ISBN 978-3-8430-1880-7, 440 Seiten, 29,80 €

Erzählungen aus dem Biedermeier

Biedermeier - das klingt in heutigen Ohren nach langweiligem Spießertum, nach geschmacklosen rosa Teetässchen in Wohnzimmern, die aussehen wie Puppenstuben und in denen es irgendwie nach »Omma« riecht.

Zu Recht. Aber nicht nur.

Biedermeier ist auch die Zeit einer zarten Literatur der Flucht ins Idyll, des Rückzuges ins private Glück und der Tugenden. Die Menschen im Europa nach Napoleon hatten die Nase voll von großen neuen Ideen, das aufstrebende Bürgertum forderte und entwickelte eine eigene Kunst und Kultur für sich, die unabhängig von feudaler Großmannssucht bestehen sollte.

Georg Büchner Lenz **Karl Gutzkow** Wally, die Zweiflerin **Annette von Droste-Hülshoff** Die Judenbuche **Friedrich Hebbel** Matteo **Jeremias Gotthelf** Elsi, die seltsame Magd **Georg Weerth** Fragment eines Romans **Franz Grillparzer** Der arme Spielmann **Eduard Mörike** Mozart auf der Reise nach Prag **Berthold Auerbach** Der Viereckig oder die amerikanische Kiste

ISBN 978-3-8430-1884-5, 444 Seiten, 29,80 €

Erzählungen aus dem Biedermeier II

Annette von Droste-Hülshoff Ledwina **Franz Grillparzer** Das Kloster bei Sendomir **Friedrich Hebbel** Schnock **Eduard Mörike** Der Schatz **Georg Weerth** Leben und Taten des berühmten Ritters Schnapphahnski **Jeremias Gotthelf** Das Erdbeerimareili **Berthold Auerbach** Lucifer

ISBN 978-3-8430-1885-2, 440 Seiten, 29,80 €

Erzählungen aus dem Biedermeier III

Eduard Mörike Lucie Gelmeroth **Annette von Droste-Hülshoff** Westfälische Schilderungen **Annette von Droste-Hülshoff** Bei uns zulande auf dem Lande **Berthold Auerbach** Brosi und Moni **Jeremias Gotthelf** Die schwarze Spinne **Friedrich Hebbel** Anna **Friedrich Hebbel** Die Kuh **Jeremias Gotthelf** Barthli der Korber **Berthold Auerbach** Barfüßele

ISBN 978-3-8430-1886-9, 452 Seiten, 29,80 €